もっとラクに！もっと速く！

Excel
×
Python

金宏和實 Kanehiro
Kazumi

データ処理 自由自在

日経BP

どうして VBA ではなく Python で Excel データを操作するのか

　本書を手に取っていただき、ありがとうございます。本書は Excel のデータ、つまり Excel ブックやワークシートのセルに入力した数値や文字列を、Python で作成したプログラムで編集したり、ほかのシートに転記したり、抽出して集計したりする方法を説明します。Excel のワークシートを Python で操作することにより、データと処理の分離ができて、より Excel データを扱いやすくなります。たとえば、データを分析しようとワークシート上のセルをあれこれいじっているうちに、うっかりもとのデータを消してしまったり、書き換えてしまったりといったありがちな、でも致命的なミスを防ぐことができます。

　Python は現在とても人気のある、多目的で使える汎用的なプログラミング言語です。でも、なぜわざわざ Python を使うのかと疑問に思う人もいるかもしれませんね。Excel にくわしい人なら、Excel にはもともと、VBA (Visual Basic for Applications) という専用のプログラミング言語が付いていることもご存じなのではないかと思います。

　VBA なら、Excel をインストールして、「ファイル」タブからオプションを選び、「リボンのユーザー設定」で「メイン」タブの「開発」にチェックを付けるだけでプログラミングを始めることができます。手軽ですね。

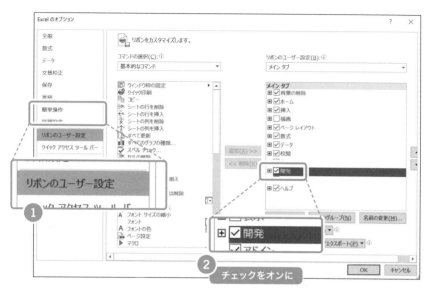

リボンのユーザー設定で「開発」タブのチェックをオンに

　それに対し、PythonでExcelデータを操作するプログラムを作るには、Pythonをダウンロードしてインストールするのはもちろんですが、それに加えてPythonでExcelデータを操作するための、ライブラリと呼ばれる補助的なプログラムが必要になります。さらに、Pythonのプログラムを入力するためのツールもあった方が快適です。本書ではMicrosoftが無償で提供しているVisual Studio Codeをインストールして使います。Visual Studio Codeを使えば、プログラミングがグッと楽になるのですが、最初からExcelに付属しているVBAなら、文字通りワンタッチでプログラミングを始めることを考えるとPythonを使う場合はいろいろ準備をして環境を作る必要があります。

　なぜ、面倒な準備をしてまで、Pythonを使うのでしょうか？　それには、VBAとPythonの違いを説明する必要があります。

Pythonは環境を選ばず幅広く使える

　前述の通り、VBAはVisual Basic for Applicationsの略です。ApplicationsはExcelやAccess、PowerPointなどのMicrosoft Officeのアプリケーションソフトのことです。Visual Basic（ビジュアルベーシック）は、Microsoftが開発した汎用プログラミング言語です。パソコンで使えるプログラミング言語としては最も歴史のある言語のひとつであるBASICから発展した言語です。BASICはbeginner's all-purpose symbolic instruction codeの略であると言われています。このことからわかるように入門者向けのプログラミング言語として作られました。このため、記述しなければならないコマンド名ひとつ取っても、わかりやすく作ってある半面、ちょっと慣れてくると説明調で冗長と感じるほうが強くなります。

　VBAは"古い"言語である点も指摘しておきましょう。VBAは1990年代後半にExcelやAccessに搭載されました。もちろん、長期に渡って改良を加えられてきていますが、基本的な仕様は古い言語と言わざるを得ません。

　また当然ですが、VBAはMicrosoft Office上でしか動作しません。WindowsだけではなくMac版Microsoft OfficeでもVBAは使用可能ですが、Windows版のVBAとは主にOS由来の違いがあり、そのままでは動作しないことも少なくありません。Microsoft Officeとは異なるオフィスソフト、いわゆる互換オフィスと呼ばれるソフトでもVBAプログラムは使えません。データの互換性はあっても、VBAには互換性がないのです。

　このようにVBAは動作するプラットフォームが限定的で汎用性がないのに対し、汎用的なプログラミング言語であるPythonは、OSやハードウェアを問わず、多くの環境で動作するように作られています。

　例えばPythonはWindowsはもとより、MacOSでも、Ubuntu（ウブントゥ）などのLinuxでも動きます。もちろん、ビジネスパーソンが一般的に使

うパソコンだけでなく、ネットワーク上にあるサーバー上でも動作します。最近耳にすることの多い、クラウド上のサーバーでも使われています。

また、Pythonには必要とされるリソース（資源）*1が少ないというメリットもあります。このため、作りが簡素で安価なワンボードコンピュータ*2でも動作します。このため、パソコン以外の機器でも動くプログラムを開発できます。

本書ではExcelデータを扱うプログラムを思い通りに作れるようになるのが目標ですが、それだけでなく、本書でPythonプログラミングのスキルを身に付けることにより幅広く応用できる可能性があるのです。

Pythonは「シンプル」「書きやすい」「用途が広い」

次にPythonのプログラミング言語としての特徴をもう少しくわしく見ておきましょう。Pythonには三つの特徴があります。

特徴1 ● 言語仕様がシンプルである

Pythonは言語仕様がシンプルです。プログラミングを勉強するのは本書が初めてという人にはピンと来ないかもしれませんが、この点はあとあと実感することになると"予言"しておきます。

それがよく現れているのが、Pythonの予約語です。次の図は、Pythonのコマンドで予約語すべてを表示したところです。

---

*1 ここで言うリソースとは、主にメモリーやハードディスクの容量のことです。

*2 Raspberry Pi（ラズベリーパイ）などがその代表です。

```
Python 3.8.3 Shell                                          —    □    ×
File  Edit  Shell  Debug  Options  Window  Help
Python 3.8.3 (tags/v3.8.3:6f8c832, May 13 2020, 22:20:19) [MSC v.1925
32 bit (Intel)] on win32
Type "help", "copyright", "credits" or "license()" for more informatio
n.
>>> import keyword
>>> keyword.kwlist
['False', 'None', 'True', 'and', 'as', 'assert', 'async', 'await', 'br
eak', 'class', 'continue', 'def', 'del', 'elif', 'else', 'except', 'fi
nally', 'for', 'from', 'global', 'if', 'import', 'in', 'is', 'lambda',
'nonlocal', 'not', 'or', 'pass', 'raise', 'return', 'try', 'while', 'w
ith', 'yield']
>>>
                                                              Ln: 5 Col: 168
```

Python3.8.3の予約語を一覧表示したところ

　この画面では、6行目の

```
>>> keyword.kwlist
```

に続く7行目からの

```
['False', 'None', 'True', ……
```

で始まる5行に注目してください。このFalseやNone、TrueなどがPython
の予約語です。

　予約語とは、プログラムを記述する上において特別な意味を持つ言葉で
す。Python3.8.3の予約語は35個です。これは他のプログラミング言語に
比べて、かなり少ないです。予約語はプログラミングを始めるにあたり、あら
かじめ理解しておくべきポイントです。このため予約語が多いと、それを覚え
る時間が必要になり、プログラミングのスタートを切るのに時間が掛かって
しまいがちです。

　ですから、Pythonは予約語が少なくシンプル。ゆえに入門しやすいプロ
グラミング言語であると言えます。

特徴2 ● Pythonのプログラムは読みやすくて書きやすい

　Pythonのプログラムは読みやすくて書きやすいと言われています。その理由はインデントが文法だからです。インデントとは字下げのことで、インデントした行は通常の行と比べて行頭が右側に移動しています。

　実際にインデントの様子を見てみましょう。4行だけの短いプログラムコードで説明します。細かいところはわからなくてかまいません。インデントしてある行に注目してください。

```
Python 3.8.3 Shell                    —    □    ×
File Edit Shell Debug Options Window Help
>>> a = 5
>>> if a == 5:
        print(True)
        print(a)


True
5
>>>
                                          Ln: 23  Col: 4
```

if文を使うコードの例

　このプログラムは「aの値が5だったら」「Trueと表示して、次にaの値を表示する」という処理を示しています。

　1行目のa = 5はaという名前で変数を宣言して5という数値を代入するという意味です。次の行のifが予約語です。==と=を二つ続けて、変数aの値が5に等しいか聞いています。この行を日本語に翻訳すると「aの値が5だったら」になります。

　その下の2行がインデントされている行です。if で始まる行で記述したa == 5が真のとき（成り立つときに）、print(True)とprint(a)が実行されます。これが、「Trueと表示して、次にaの値を表示する」に当たります。「もしこうだったら」というコードを書いたら、「このようにする」の部分はインデントする"だけ"で示せるのです。

Python以外のプログラミング言語だとa == 5が真の時に実行する部分を以下のように{ }（中括弧）で囲んだりします。以下のコードは、このPythonプログラムを"Java風"に記述した例です。

```
if a == 5 {
    print(True)
    print(a)
}
```

　この場合、2行目と3行目のprint()の前にあるインデントは単にプログラミングのお作法です。他人が見てもわかりやすいようにタブを入れてあるだけで、プログラムの動作には関係ありません。1行目のif文のa == 5が真の時、実行されるのは{ }に挟まれた部分です。つまり、文法的には{ }で囲まれている部分が重要で、インデントは見た目のわかりやすさのために入っているにすぎません。

　お作法というと決まりごとのようにも思えますが、統一されたルールがあるわけではありません。プログラマがそれぞれ自分のルールで入れているので、プログラムによって字下げの仕方がまちまちということもあります。

　しかし、Pythonではインデントが文法なのです。{ }は必要ありません。if文のa == 5が真のとき、実行されるのは字下げされている行なのです。このようにPythonでは文法と見た目が一致するので、プログラムは読みやすくて書きやすくなります。

特徴3 ● ライブラリが豊富なので多くの用途に使える

　予約語が少なく言語仕様がシンプルなのに、Pythonが多くの用途に使える理由はライブラリの豊富さです。

　ライブラリとは特定の目的に応じたプログラムを他のプログラムから利用可能な形式で用意したものです。Pythonには、さまざまな処理をするためにたくさんのライブラリが提供されています。それらは標準ライブラリと外

部ライブラリに分けられます。たとえば、標準ライブラリには乱数を生成するrandomや、オブジェクト指向のファイルシステムであるpathlib、sqlite3というデータベースを操作するsqlite3などがあります。

外部ライブラリには、データ分析用のPandasや、サーバー上で動作するWebアプリを作るためのDjangoフレームワーク、Webスクレイピング用のBeautiful Soup、機械学習の基本的な機能をまとめたTensorFlowなど多くのライブラリがあります。

これらのライブラリの中から目的に応じて、必要なライブラリをインポートして使うことができます。標準ライブラリ、外部ライブラリにかかわらず、同じ作法で利用できるところが便利です。標準ライブラリと外部ライブラリの違いは、標準ライブラリはPythonをインストールすると同時にインストールされるが、外部ライブラリは個別にインストールする必要があるというところです。

本書では、Excelデータを扱うために、外部ライブラリであるopenpyxlを使います。外部ライブラリの導入手順や具体的な使い方は、実際にopenpyxlを使うところでご紹介します。

本書の構成

本書では、各章の前後にショートストーリー（会話文）を入れています。なぜかと言うと、プログラムを作成する動機や目的をわかりやすくするためです。ビジネスパーソンである皆さんに「ああ、こういうことは自分の会社でもありそうだ」と感じてもらい、プログラミングを学ぶきっかけにしてほしいからです。

お話の舞台は、衣料卸の中堅であるシーマアパレルという架空の企業です。同社は卸売業にとどまらず、自社ブランド商品も展開しており、また、数は少ないながら直営店も持っています。

登場人物は以下の通りです。

千田岳（センダガク）

総務課所属の入社6年目。ニックネームはセンガク。
「浅学ですいません」が口癖。気が弱そうに見えるが、
仕事に対しては信念があり、勉強熱心。以前から夜な
夜なPythonの勉強会に参加しており、それなりにス
キルは身に付いてきたかも。

千田麻美（センダアサミ）

営業部営業2課のアシスタント。姉御肌。
千田岳とはたまたま名字が同じだけの同期入社。新人
研修時には同じグループだった。千田岳がプログラミン
グの勉強会に参加していることはSNSで知っていた。

富井牧郎（トミイマキオ）

営業2課の課長。入社16年目。
元体育会系でExcelの関数やマクロ（VBA）を入社後
に苦労して勉強した。今ではかなりの使い手で、自分
でも自信を持っている。

坪根小百合（ツボネサユリ）

経営管理室。富井と同期入社。
部署が部署だけに社長や専務に近い存在で、若手社員
からは恐れられている。

刈田秋雄（カリタアキオ）

品質管理室室長。

従来の縦割りの組織の弊害を解消するために作られたばかりなのが品質管理室。部や課を問わず、幅広い社員と情報を共有し、問題点を解消していこうとする取り組みの一環で作られた部署で、新たに室長になった期待の若手社員。さっそく、顧客からクレームが寄せられる。

松川典夫（マツカワノリオ）

営業1課課長。

最も業績の良い婦人服を扱う1課を率いるやり手として社内で信頼を得ている、スマートな管理職。富井課長は同じ営業部の課長としてライバル視しているが……。

椎間純一郎（シイマジュンイチロウ）

専務。

「ボンボン」「社長のドラ息子」「ジュンちゃん」などと社員から陰口をたたかれ、軽く見られている。新しいことを取り入れようとするのだが、経験が乏しく地に足が付いていない印象がある。

椎間賢一（シイマケンイチ）

社長。先代から受け継いだ衣料卸の椎間衣料を中堅企業であるシーマアパレルまで押し上げたやり手。

中川女史
シーマアパレルのコンサルタント。
いつも目が覚めるような青空みたいな服を着ている千
田麻美憧れの女性。

　楽しく読んでいただけるショートストーリーにより、作成するプログラムの
リアリティを感じてもらうことが学習の意欲につながれば……と思っている
のですが、早くExcelデータをPythonで扱う方法を具体的に知りたいと明
確な目的を持って読んでいただく方には、邪魔に思えるかもしれませんね。
そんなときは読み飛ばしていただいても、内容の理解に問題ないように配慮
しています。
　それではPythonでExcel業務を効率化していくための具体的なやり方を
見ていきましょう。

Contents 目次

Chapter **1**

Python を使うメリット　　　21

　本書で紹介しているプログラムのうち、プログラムコードとして掲載しているもの、およびプログラムで読み込むファイルは、本書の Web ページからダウンロードしていただけます。

https://project.nikkeibp.co.jp/bnt/atcl/20/P95980/

を開き、「データダウンロード」欄にある「サンプルファイルをダウンロード」のリンクをクリックしてください。開いたページにダウンロードに関する説明があります。それに従ってダウンロードしてください。

※ ファイルのダウンロードには日経 ID および日経 BP ブックス＆テキスト Online ダウンロードサービスへの登録が必要になります（いずれも登録は無料）。

　ダウンロードしたファイルは ZIP 形式になっています。収録しているファイルについては、ZIP ファイルを展開して取り出せる「はじめにお読みください.txt」をご覧ください。

本書ではコードの記述について独自の工夫をしています。

Pythonではインデントがプログラムの動作に深くかかわります（くわしくは第2章をご覧ください）。そこでインデントのある行では、何段階のインデントなのかを表すために、コード中にインデント記号を表示しています。

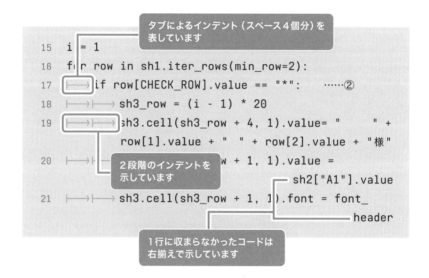

プログラムを作成するときは、インデント記号のところにタブ（半角スペース×4）を入力してください。開発ツールには支援機能があり、直接スペースを入力しなくても自動的にインデントされる場合があります。

また、コードによっては1行の記述が長く、本書では1行に収まらない場合があります。その場合は、2行目以降に送られたコードは右揃えで表記しています。こうした行を入力する場合は、本書の表記に合わせて行を改めず、1行のコードとして入力してください。行が改まっているかどうかは、左端の行番号で確認してください。

Pythonを使う
メリット

差し込み印刷で
Pythonの実力チェック

ここは、とある会社のとある部署。何やらちょっと盛り上がっているようですが…。

麻美　さあ、運命の対決が始まりました。営業2課富井課長対合理化推進室センガク室長による差し込み印刷対決です。白熱のバトルが期待されます

センガク　茶化すなよ。麻美ちゃん。ところで富井課長、得意先のデータはもちろん、リストの形式で差し上げますけど、差し込み印刷に使うって何を作っているんですか

富井　おう、センガク、久しぶりだな。小百合ちゃんに言われて50周年記念祝賀会の案内を印刷するんだ

センガク　小百合ちゃんって、経営管理室の坪根さんですよね。ボクのところにも昨日来て、「ねぇ、センガクちゃん、お願いがあるんだけど」っていつもの調子で同じことを頼まれましたよ。だから、朝からExcelの得意先リストを使って、Pythonで50周年記念祝賀会の案内を得意先の数だけ作成する方法を考えていたんですよ

富井　小百合ちゃん、二股かけたのか

麻美　富井課長、あいかわらずセリフがハラハラですね

富井　センガク、差し込み印刷なんて、Excelでデータベース作って、Wordの差し込み印刷機能でフィールド参照すれば簡単だろ。Pythonのプログラム作るメリットなんてあるのか?

センガク　そうですね。WordとExcelの連携はさすがマイクロソフトですよね。ボクもPythonでやるメリットについて考えていたところなんですよ

富井　合理化推進室が何でもプログラムにしようって余計な仕事してたら、本末転倒だぞ、センガク

センガク　そうですよね。富井課長に納得してもらえるものを作らないといけませんね

　どうやら「Excelなら何でもできる」派の富井課長と、「Pythonなら合理化できる」派のセンガクくんが差し込み印刷を題材に何がどう違うのかを比べ

ようとしているようです。私たちも、二人と一緒にPythonを使うと何がどう変わるのか、じっくり見ていきましょう。

　プログラミングをしたことないという人でも、ExcelとWordを連携させた差し込み印刷は経験済みという人も多いでしょう。まずはExcel＋Wordで差し込み印刷をする方法を再確認しておきます。

ExcelとWordで差し込み印刷する

　最初に、ExcelとWordによる差し込み印刷をやってみましょう。Excelのデータベース機能とWordの差し込み文書機能を使います。これならプログラムを作成しないで処理できます。

Excelで宛名のデータベースを作成する

　まず、Excelで次の図のような宛名データベースを作成します。

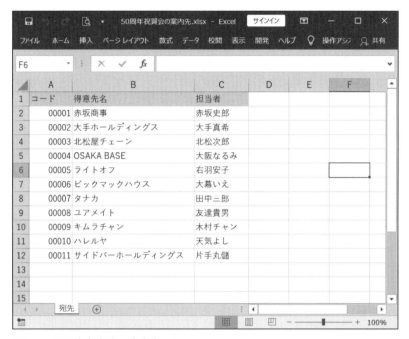

図1-1 **50周年祝賀会の案内先.xlsx**

　ここでは「50周年祝賀会の案内先」という名前のExcelブックを作成します。最初のワークシートには宛名データを一覧形式で入力し、シート名を付けます。本書の読者はExcelを使い慣れている人が多いと思うので蛇足かもしれませんが、シートに名前を付けるときはタブをダブルクリックするとシート名を入力できるようになります。

　Excelの場合、データベースと言っても難しく考える必要はありません。1行目に項目名を入力し、2行目以降にデータを整然と入力すればデータベースとして扱うことができます。

Wordで案内文書を作成する

次にWordで案内文書を作成します。

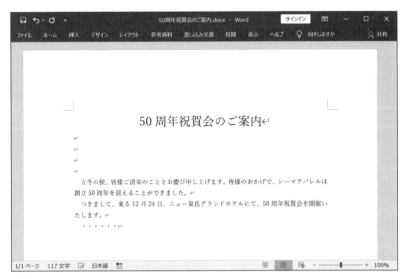

図1-2　**50周年祝賀会のご案内.docx**

Wordの文書は、案内状として普通に入力していきます。特に気を付ける点はありません。ただし、宛名を入れるところだけには差し込み印刷用の作法が必要です。今回の案内状では、「50周年祝賀会のご案内」というタイトルと本文の間に、Excelの「宛先」シートから、得意先名と担当者名を転記しようと思っています。そのためのスペースとして、改行で間を空けておきます。

Wordで差し込み印刷の設定をする

　続いて差し込み印刷の設定をしましょう。「差し込み文書」タブを開き、「宛先の選択」ボタンをクリックし、開いたメニューから「既存のリストを使用」でExcelファイルを選択します。

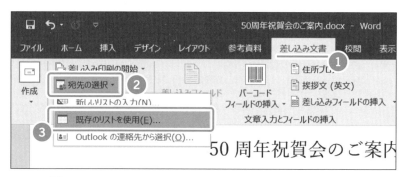

図1-3　**「差し込み文書」→「宛先の選択」→「既存のリストを使用」の順でクリック**

　続いて、差し込みフィールドの挿入でフィールドを配置し、プレビューするところまで進めてみましょう。

　もう一度、「差し込み文書」タブから、「宛名の選択」、「既定のリストを使用」を選択して、「50周年祝賀会の案内先.xlsx」を選びます。

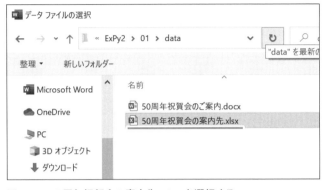

図1-4　50周年祝賀会の案内先.xlsxを選択する

　すると、「テーブルの選択」ダイアログボックスが表示されるので、「宛先$」を選びます。

図1-5　テーブルの選択で「宛先$」を選ぶ

　この操作で、どのワークシートのテーブルかを指定することになります。さらに、「先頭行をタイトル行として使用する」のチェックボックスにチェックが付いている状態で、OKをクリックします。

　テーブルという言葉が突然出てきましたが、データベースの用語では、データベース内の二次元の「宛先」シートのような同じ性質のデータを集めた表をテーブルと言います。これでWord文書とExcelのテーブルとの関連

付けができたわけです。

　そして、「差し込み文書」タブの「差し込みフィールドの挿入」を選びます。すると、ダイアログに差し込むことができるフィールド（項目）が一覧表示されます。

図1-6　「差し込み文書」タブから「差し込みフィールドの挿入」を選ぶと開くダイアログボックス

　ここではまず、得意先名を挿入するのですが、フィールドを選択する前にあらかじめWordの文書で、挿入したい場所にカーソルを合わせておくのが良いでしょう。位置を指定したらフィールド一覧から「得意先名」を選び、挿入ボタンをクリックします

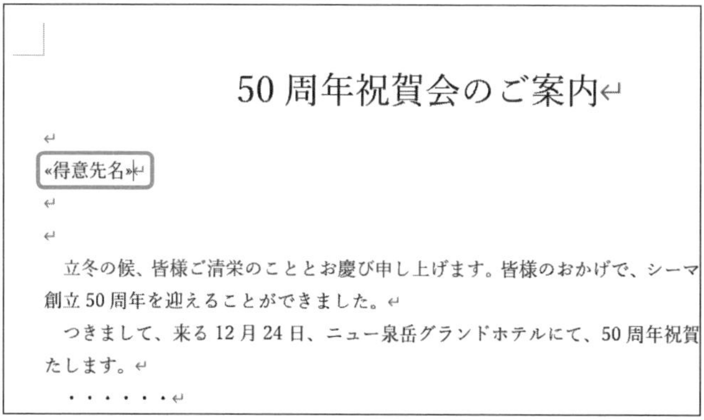

図1-7 「得意先名」フィールド挿入したところ

差し込みフィールドは≪得意先名≫のように表示されます。同様に「担当者名」も挿入します。

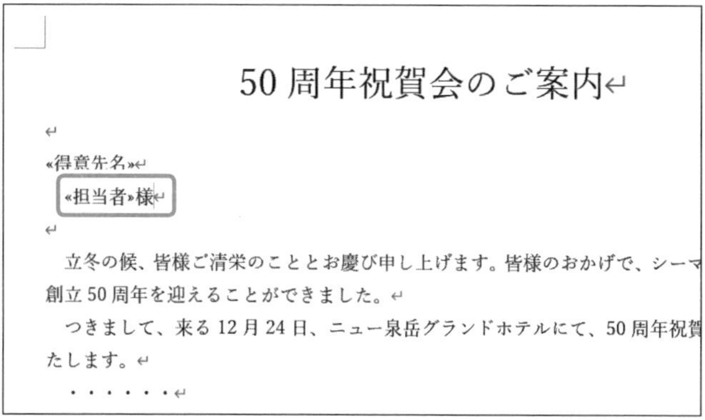

図1-8 ≪担当者名≫を≪得意先名≫の下に挿入したところ

「担当者名」フィールドは挿入後に、スペースを入力して少し右にずらしました。また、「担当者名」フィールドに続けて、「様」を入力したほか、「得意先名」フィールドのフォントサイズを「担当者名」フィールドに比べて大きくしました。このように差し込みフィールドもいったん挿入したあとなら、通常の文章と同様に位置を変更したり、フォントを変更したりといった修正ができます。

文書の調整が終わったら、本当に「宛先」シートのデータが展開できるか、「差し込み文書」タブの「結果のプレビュー」ボタンをクリックして確かめてみましょう。

図1-9　**「結果のプレビュー」ボタンをクリック**

　すると、フィールド名が実際の値に変わります。プレビューのメニューにある右向き三角の進むボタンで表示するレコード（データベースの用語では、テーブルの行のことをレコードと言います）を移動することができます。左向き三角のボタンを押せば、進めたレコードをさかのぼることもできます。
　次に、「差し込み文書」タブの「完了と差し込み」を選び、開いたメニューから「文書の印刷」を実行します。

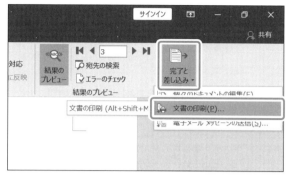

図1-10 「完了と差し込み」から「文書の印刷」を選ぶ

「プリンターに差し込み」というタイトルのダイアログボックスが表示されます。ここで、レコードを選択して印刷することができます。ここではすぐに印刷せず、キャンセルしてください。

図1-11 「プリンターに差し込み」ダイアログボックスが表示される

ここで、このWord文書を保存していったん閉じましょう。そして、このファイルを再度開くと、「SQLコマンドが実行される」というメッセージが表示されます。

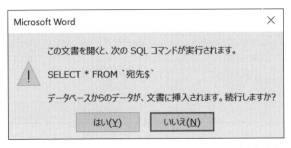

図1-12 「この文書を開くと、次のSQLコマンドが実行される」というメッセージが表示される

　SQLというのは、データベースを操作するプログラミング言語です。

　「SELECT * FROM '宛先$'」というのは、このSQLの命令文です。少しくわしく見てみると、この文はデータを取得するSELECT文です。読み込むテーブルとして「宛先$」テーブルを指定し、そこから*（アスタリスク）を指定して、すべてのフィールドを取得するという指示を表しています。

　このメッセージに対して「はい」をクリックすると、ExcelのデータをWordに差し込むことができます。

　このようにExcelとWordによる差し込み印刷では、WordからSQLというデータベース用のプログラム言語を使って、SELECT文でシートのデータを取得しているわけです。

Excelデータをもとに Pythonで差し込み印刷

　今度は同じ処理を、ExcelのワークシートとPythonのプログラムを連携させてやってみましょう。もちろん、まだPythonの文法を説明していませんので、プログラムの内容は理解できなくて当たり前です。このくらいのプログラムで、こんな感じの処理が実現できるんだということがわかっていただければ十分です。よろしければ、第2章以降の文法の説明を読んだあとに、読

み返してください。

プログラム1-1　差し込み印刷を実現するmerge_print.py

```python
1   import openpyxl
2   from openpyxl.styles import Font
3   from openpyxl.worksheet.pagebreak import Break
4
5   wb = openpyxl.load_workbook(r"..\data\50周年祝賀会の案
                                              内先.xlsx")
6   sh1 = wb["宛先"]
7   sh2 = wb["文章"]
8   del wb["印刷用"]      #Pythonのdel文
9   sh3 = wb.create_sheet("印刷用")
10
11  #フォント作成
12  font_header = Font(name="游ゴシック
    ",size=18,bold=True)
13
14  i = 1
15  for row in sh1.iter_rows(min_row=2):
16  ├─→ sh3_row = (i - 1) * 20
17  ├─→ sh3.cell(sh3_row + 4, 1).value= "    " +
            row[1].value + " " + row[2].value + "様"
18  ├─→ sh3.cell(sh3_row + 1, 1).value =  sh2["A1"].
                                              value
19  ├─→ sh3.cell(sh3_row + 1, 1).font = font_header
20  ├─→ sh3.merge_cells(start_row=sh3_row + 1,start_
        column= 1,end_row=sh3_row + 1,end_column=9)
21  ├─→ sh3.cell(sh3_row + 1, 1).alignment
```

```
                                           = openpyxl.styles.
                         Alignment(horizontal="center")
22  ├──→ j = 7
23  ├──→ for sh2_row in sh2.iter_rows(min_row=2):
24  ├──→├──→ sh3.cell(sh3_row + j, 2).value =  sh2_
                                        row[0].value
25  ├──→├──→ j += 1
26
27  ├──→ page_break = Break(sh3_row + 20)   #ページブレイ
                             クオブジェクトの作成
28  ├──→ sh3.row_breaks.append(page_break)
29  ├──→ i += 1
30
31  wb.save(r"..\data\50周年祝賀会の案内先.xlsx")
```

　今の段階では大まかな流れとPythonでExcelのデータに対してどのよう
な処理をしているかをつかんでください。それぞれの記述がどういうものな
のかは、今はちょっと置いておきましょう。

　1行目から3行目までは、PythonのプログラムでExcelファイルを操作で
きるようにするための下準備です。具体的には外部ライブラリのインポート
という作業をしています。この部分の詳細については、第2章でくわしく解説
します。また、外部ライブラリを使うためには外部ライブラリ自体をあらかじ
めインストールしておく必要があります。インストールについては本章の後半
で説明します。

　なお、PythonでExcelファイルを扱うための外部ライブラリはopenpyxl
と言います。本書ではすべてのプログラムでopenpyxlを使いますので、ここ
で名前だけでも覚えておいてください。

　5行目から9行目は、Excelファイルを開いて、データとして利用するワー
クシートを読み込む処理です。それ以外にも、不要なワークシートを削除し
たり、新しいデータを書き込む新規のワークシートを作成したりといった処

理もしています。要は、ファイルやワークシートの操作をしているということです。

ここでは5行目に出てきた「..\」を説明する必要があるでしょう。\は「バックスラッシュ」という記号で、時には¥と表示されることもあります。私たちには異なる記号に見えますが、コンピュータは同じ記号として扱います。

「絶対パス」と「相対パス」についてはご存じですか? 操作したいファイル、今回の場合は「50周年祝賀会の案内先.xlsx」がどこにあるか、その場所を示す方法には2種類あります。

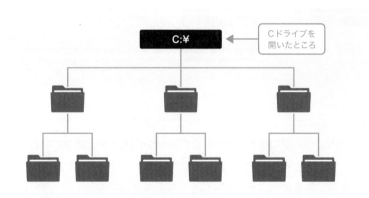

図1-13 **階層型ファイルシステムのフォルダ構成(例)**

パスとは階層型になっているファイルシステムでファイルの存在する場所をたどる道筋のようなものです。これはPythonのプログラミングに限った話ではありません。ホームページを作成するときのhtmlファイルやcssファイルの場所を示すときなどにも意識する必要があります。

絶対パスとは、たとえばWindowsでは

```
c:¥python¥sample¥01¥data¥50周年祝賀会の案内先.xlsx
```

のように頂点であるドライブ文字からはじめて、すべての住所を書くようにフ

ルパスを記述する方式です。

　これに対し、相対パスはカレントディレクトリを起点にファイルの位置を示します。カレントディレクトリは現在の位置を示し、Windowsでは作業フォルダと呼ばれたりします。「.¥」はカレントディレクトリを示します。プログラム中の「..¥」はカレントディレクトリの一つ上の階層を示します。そこにはdataディレクトリがあり、dataディレクトリに50周年祝賀会の案内先.xlsxがあります。

図1-14　**サンプルファイルのフォルダ構造**

　本書のサンプルプログラムとデータのフォルダ構造は全章でこのような形式になっています。

　たとえば、本章のmerge_print.pyを実行する場合はカレントディレクトリをprgにする必要があります。そのための具体的な方法は、あとで説明します。

　さて、プログラムの説明に戻りましょう。6行目から9行目については、もう少しくわしく設計の意図を紹介しておきます。

　今回扱うExcelファイル「50周年祝賀会の案内先.xlsx」には「宛先」シートと「文章」シートがあります。

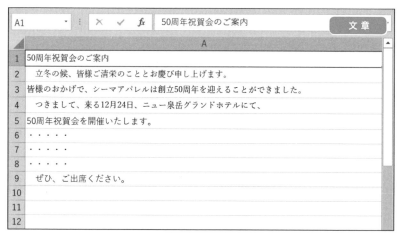

図1-15 **プログラムが利用するワークシート**

　プログラムでは、6行目で「宛先」シート、7行目で「文章」シートを読み込みます。

　また、このプログラムは「文章」シートの文章を、「宛先」シートの得意先分コピーして展開するのですが、そのために新しいシートを作ります。これが「印刷用」シートです。「文章」シートと「印刷用」シートを合わせて、差し込み

印刷でのWordの役割を果たしています。ただし、このプログラムを一度でも実行すると、印刷用シートがブックに作成されます。すでに印刷用のシートが作られているブックを再利用する場合のことを考えて、既存の「印刷用」シートを削除し、それから新たに「印刷用」シートを作り直すという処理にしています（8行目、9行目）。

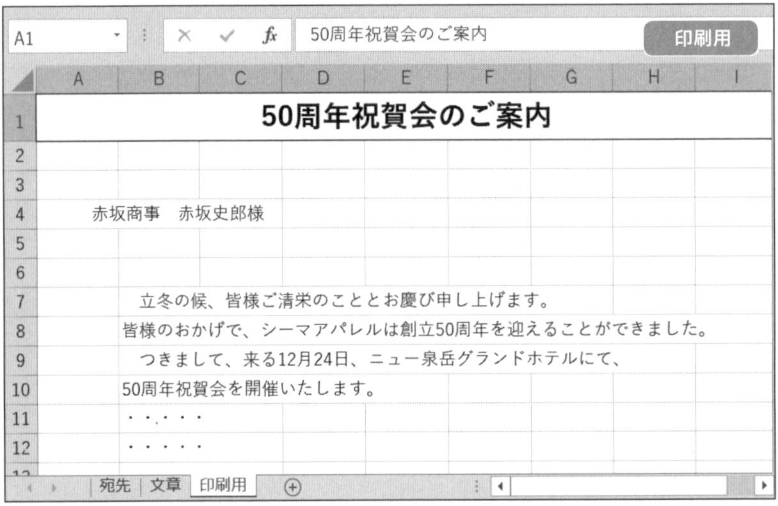

図1-16 　「印刷用」シート

　「印刷用」シートには上の図のように文章と得意先、担当者名を1セットとした案内状が、案内状を送付する得意先の数だけ展開されます。

　14行目から25行目が、このプログラムの中心的な処理です。

　「宛先」シートから1件ずつ得意先の情報を読み込みつつ、「印刷用」シートに完成した案内文を貼り付けるスペースを確保します。

　続けて、担当者名の「様」を付けて宛名となる文字列を作り、「文章」シートから案内文のテキストを取得します。これをそれぞれ「印刷用」シートのどのセルに配置するかを算出して、書き込みます。表題のところは、文字を大きくして太字にするといった処理もします。1件分のデータを作成したら、案内文の末尾に続けて改ページ処理（ページブレイク）を挿入します。これは、印刷

時のことを考えての設計です。

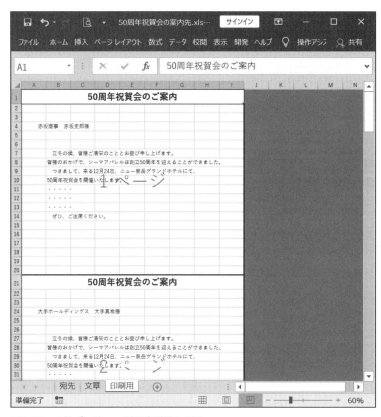

図1-17　1件ずつ改ページを自動的に挿入

　このように、書式設定を変更するような処理や、セルやシートの操作をする処理も、Pythonで自動化することができます。

　こうして1件分の案内状データを作ったら、次の得意先情報を「宛先」シートから読み込み、同じ作業を繰り返します。すべての得意先について案内文を作ったら、Excelファイルを保存してプログラムは終了します。これが、merge_print.pyの大まかな流れです。

　本章ではこのあと、Pythonプログラムを実行するための環境と、プログ

ラミングをするための環境の作り方を説明します。自分のパソコンに環境を
用意したら、ぜひ本プログラムを試してほしいのですが、その際にもととなる
Excelファイル「50周年祝賀会の案内先.xlsx」を開いたままだと、以下のエ
ラー[*1]が出て実行できないので気を付けてください。

```
PermissionError: [Errno 13] Permission denied: '..\\
data\\50周年祝賀会の案内先.xlsx'
```

プログラムに付加価値を付けられる

　これで、WordとExcelによる差し込み印刷と同様な処理が作成できたわ
けですが、それではPythonを使う決め手にはなりません。お仕着せの差し
込み印刷機能を使うだけではなく、そこに「こうしたらいいんじゃないか」「こ
んな風なこともやってみたい」と思い付いたことを、自分で実現できるのがプ
ログラミングの良いところ。もう一歩踏み込んで、Excel＋Pythonのメリッ
トを追求してみようと思います。たとえば、得意先選択機能なんてどうでしょ
う。

　D列に50周年祝賀会という項目名を入力し、＊（アスタリスク）を付けた得
意先だけに案内を作成するようにします。こうしておけば、異なる案内状を
作るたびに新しい送付先リストを作り直す必要はありません。得意先の一覧
データはそのままに、案内状を送付する対象を選んで、＊を入力するだけで
済みます。

---

*1　このエラーをPermissionErrorと言います。エラーメッセージの冒頭にも表示されているのが
　　わかります。

D6 | *

	A	B	C	D	E	F
1	コード	得意先名	担当者	50周年祝賀会		
2	00001	赤坂商事	赤坂史郎			
3	00002	大手ホールディングス	大手真希	*		
4	00003	北松屋チェーン	北松次郎			
5	00004	OSAKA BASE	大阪なるみ			
6	00005	ライトオフ	右羽安子	*		
7	00006	ビックマックハウス	大幕いえ			
8	00007	タナカ	田中三郎			
9	00008	ユアメイト	友達貴男	*		
10	00009	キムラチャン	木村チャン			
11	00010	ハレルヤ	天気よし			
12	00011	サイドバーホールディングス	片手丸儲			
13						
14						
15						

図1-18　**選択列を得意先の一覧表に追加した**

それをプログラムにするとこうなります。

プログラム1-2　**送付先を選択する機能に対応したmerge_print2.py**

```
import openpyxl
from openpyxl.styles import Font
from openpyxl.worksheet.pagebreak import Break

CHECK_ROW = 3   #定数扱い   ……①
wb = openpyxl.load_workbook(r"..\data\50周年祝賀会の案
                                          内先.xlsx")
sh1 = wb["宛先"]
sh2 = wb["文章"]
del wb["印刷用"]    #Pythonのdel文
sh3 = wb.create_sheet("印刷用")
```

```
11
12    #フォント作成
13    font_header = Font(name="游ゴシック",size=18,
                                            bold=True)
14
15    i = 1
16    for row in sh1.iter_rows(min_row=2):
17    ├──→ if row[CHECK_ROW].value == "*":    ……②
18    ├──→├──→ sh3_row = (i - 1) * 20
19    ├──→├──→ sh3.cell(sh3_row + 4, 1).value= "      " +
                row[1].value + "  " + row[2].value + "様"
20    ├──→├──→ sh3.cell(sh3_row + 1, 1).value =
                                        sh2["A1"].value
21    ├──→├──→ sh3.cell(sh3_row + 1, 1).font = font_
                                                header
22    ├──→├──→ sh3.merge_cells(start_row=sh3_row +
                1,start_column= 1,end_row=sh3_row +
                                    1,end_column=9)
23    ├──→├──→ sh3.cell(sh3_row + 1,
                    1).alignment = openpyxl.styles.
                        Alignment(horizontal="center")
24    ├──→├──→ j = 7
25    ├──→├──→ for sh2_row in sh2.iter_rows(min_row=2):
26    ├──→├──→├──→ sh3.cell(sh3_row + j, 2).value =
                                        sh2_row[0].value
27    ├──→├──→├──→ j += 1
28
29    ├──→├──→ page_break = Break(sh3_row + 20)  #ページ
                            ブレイクオブジェクトの作成
```

```
30  ├───→├───→ sh3.row_breaks.append(page_break)
31  ├───→├───→ i += 1
32
33  wb.save(r"..\data\50周年祝賀会の案内先.xlsx")
```

　送付する先にチェックを入れて、それだけを選択して案内状を作る機能というとものすごい処理をしているように感じるかもしれませんが、追加した記述は5行目（①）と17行目（②）の2カ所です。正確には18行目から31行目も変更しているのですが、記述を書き換えたというのではありません。②の追加に伴い、行頭の位置を調整しただけです。言ってみればスペースを挿入しただけ。それで、送付先選択機能を実装できてしまいました。これはPythonがとてもシンプルなプログラムでやりたいことを実現できるという特徴を持っているからだと思っています。何しろ、この差し込み印刷プログラムは、わずか30行ちょっと。Pythonでopenpyxlライブラリを使ってExcelデータを処理すると、この程度のプログラムで仕事に役立つ処理を作れるところに筆者はメリットを感じています。

　いきなり、まとまったプログラムがこんなに出てきて面食らったかもしれません。細かいことはこれから解説をしていきます。本章では、こんな風にPythonプログラムでExcelデータを処理できるんだということを大まかに理解してください。

・・

富井　Pythonで差し込み印刷ができるのはわかったけど、どこが良いんだ？面倒なだけじゃないか！

センガク　*印を付けた得意先にだけ案内を出すようにしたでしょう。これで、後からExcelファイルを開いたときに、どの得意先にどの案内を送ったかわかるようになったわけですよ

富井　えっ、それだけか！

センガク　今までだったら、どこに送ったかわかるように控えとしてわざわざコピーを残していたでしょ。それが必要なくなったんですよ。富井さん

富井	なるほど。それなら、センガク、グッジョブだ
センガク	プッ、いまどきグッジョブだなんて言わないっすよ。富井課長
富井	なんだと！センガク、コノヤロー

麻美	前作『Excel×Python最速仕事術』とおんなじノリで始まった『Excel×Python データ処理自由自在』ですが、単に二匹目のドジョウを狙いに来ただけのようにも見えます。その点は大丈夫なんでしょうか？
センガク	いえ、今回は読者のみなさんに、みなさんの目の前にある問題を解決するプログラムを自分でイメージして、作成できるようになってもらうことを目的としていますので、中身が濃いのです
麻美	ふーん、わたしも自分でプログラムを作るようになれるかな。とりあえず、Pythonをインストールしなくちゃならないんでしょ？ ほかに必要なものとかないの？

　合理化推進室のスタッフである麻美さんも、どうやらプログラミングに本腰を入れる気になったみたいです。ここからは、Pythonでプログラミングするために必要な環境作りについて説明していきましょう。

　本書では、ビジネスの現場でよく使われているWindows 10パソコンを前提に、Pythonのプログラミング環境を作成する手順を説明します。大きく分けて、作業はPythonのインストールと、プログラミング用のツール（これを開発環境といいます）のインストールの2段階。開発環境には近年急速にプログラマの間で利用者が増えているVisual Studio Codeを選びました。まずは、Pythonのインストールから見てみましょう。

Pythonのインストール

Python をインストールする第一歩として、Windows用のインストールプログラムをダウンロードします。それにはまず Web ブラウザで https://www.python.org/ にアクセスします。開いたページで Downloads にマウスポインターを合わせると、プルダウンメニューが開きます。そこには、使っているパソコンの OS に合った Python をダウンロードするためのボタンが表示されます。

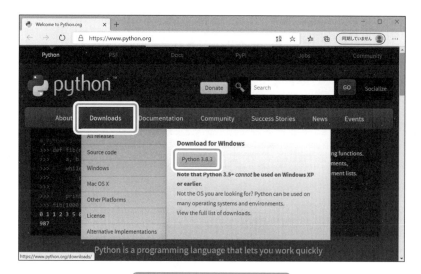

https://www.python.org/

図1-19　www.python.orgのトップページでDownloadsにマウスポインターを載せたところ

本書の執筆の時点では、Pythonの最新版は3.8.3でした。読者のみなさんはその時点での最新版をご利用ください。Pythonには、古いバージョンのまま使い続けているユーザー用に2.7のような2系も存在します。しかしながら、2系はもう積極的なメンテナンスはされていないようなので、必ず3系の最新版を使用しましょう。

　ダウンロード用のボタンをクリックすると、インストール用プログラムのダウンロードが始まります。ダウンロードしたファイルをダブルクリックすると、インストールが始まります[*2*3]。

　インストール中は何カ所か設定を変更したり、確認したりしておきたいポイントがあります。まずはインストールプログラムを起動して最初に出てくる画面です。

図1-20　**インストール開始時の画面で設定を変更**

　最初の画面では、「Add Python 3.8 to PATH」にチェックを付けます。こうしておくと、いちいちPythonをインストールしたフォルダに移動しなくても、Pythonを起動できるようになります。どういうことかというと、作ったプログラムをパソコン内のどこに保存しても、そのまま利用できるということです。

　さらに使いやすく環境にするために、同じ画面の「Customize installation」をクリックします。すると「Optional Features」の画面に切り替わります。

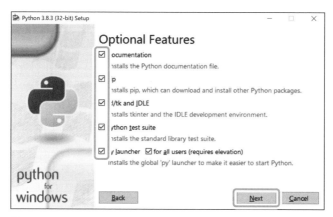

図1-21　**Optional Featuresではすべての項目にチェックが付いていることを確認**

　この画面ではデフォルト（既定）ですべての項目にチェックが付いていることを確認します。変更する必要はありません。そのまま「Next」ボタンをクリックしてください。続いて「Advanced Options」画面が開きます。

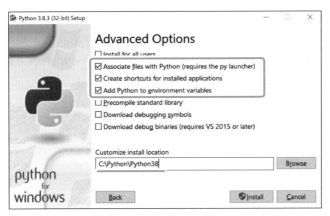
図1-22　インスト-ル先は単純なディレクトリに変更

　この画面では「Associate files…」、「Create shortcuts…」、「Add P
ython to environment variables」の3カ所にチェックが付いた状態にし
て、「Customize install location」欄でインストールする場所（ディレクトリ）
を変更します。デフォルトのままではディレクトリの階層が深いので、もっと
単純なディレクトリに変更するのがお薦めです。あまり階層が深いと、インス
トールされたプログラムやライブラリのファイルを直接調べたいときに面倒
です。

　ここでは「C:￥Python￥Python38」として、階層を浅くしました。画
面上のバックスラッシュ「\」は前述した通り「￥」のことです。ポイントは、
ディレクトリを示す文字列（パス）が短くなるようにすることです。変更し
終えたら、「Install」ボタンをクリックしてインストールを進めましょう。ここ
からは大量のファイルのコピーが続くので、しばらく待ちます。「Setup was
successful」と表示されたら、インストールは完了です。

図1-23　**インストールが完了した**

　この画面の下のほうに、「Disable path length limit」というメッセージが表示されています。ここをクリックすると、OSに設定されているパスの長さの制限(MAX_PATH)を解除できます。今回はインストール先が単純なパス名になるようインストールしたので、この設定を変更する必要はありません。「Close」ボタンをクリックしてインストールを終わりましょう。

PATHの設定を確認する

　ここで、インストールの冒頭で「Add Python 3.8 to PATH」にチェックを付けた結果を確認してみます。スタートボタンを押して、「Windowsシステムツール」から「コントロールパネル」を起動します。

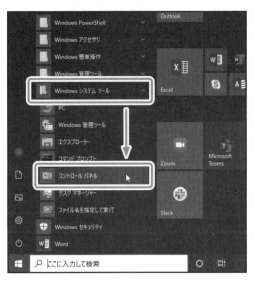

図1-24　**コントロールパネルを開く**

「コントロールパネル」では「システムとセキュリティ」を選びます。

図1-25　**「システムとセキュリティ」をクリック**

そして、続く画面では「システム」を選びます。

図1-26 「システム」をクリック

「システム」からは「システムの詳細設定」のリンクをたどってください。

図1-27 「システムの詳細設定」をクリック

「システムのプロパティ」が開いたら、「環境変数」のボタンをクリックします。

図1-28 **「環境変数」をクリック**

　「ユーザー環境変数」のPathの行にPythonをインストールしたディレクトリと、その配下のScriptディレクトリが追加されていることが確認できるはずです。

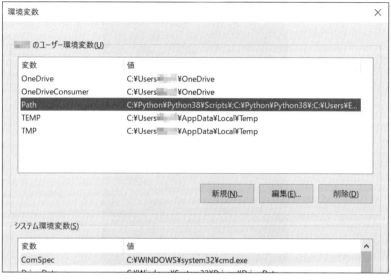

図1-29 「ユーザー環境変数」のPATHを確認

　これでどこのディレクトリからでもPythonを呼び出すことができるように
なりました。Scriptサブディレクトリも登録されているのは、外部ライブラリ
をインストールするためのpipコマンドといった重要度の高いコマンドが収
録されているためです。pipコマンドは、すぐに使うことになります。くわしく
は、そこで説明しますね。
　ここまで済んだら、Pythonを起動して動作をチェックしてみましょう。

Pythonの動作を確認する

　スタートメニューにPython3.8[*4]が追加されているので、IDLE[*5]をクリッ
クして起動してみましょう。

＊4　バージョン番号を示す3.8は導入時期によって異なることがあります。

＊5　「IDLE」は（Python's）Integrated Development and Learning Environment の略です。

図1-30　**スタートメニューを開くと
Python フォルダができている**

　起動した画面には「Python3.8.3 Shell」と表示されていますね。これは、対話型の Python の実行環境です。英語でいろいろ表示されていますが、最後の行が

```
>>>
```

となっているはずです。これを「プロンプト」と言います。これが表示されたら、コマンドを入力できます。Python の側で入力を受け取る準備ができた状態と思ってください。この状態で、Python のプログラムファイルを作ったり、実行したりすることができます。

　ここでは、1行だけプログラムを入力して実行してみましょう。プロンプトに続けて、

```
print("Hello,Python")
```

と入力してEnterキーを押すと、Hello,Pythonと出力され、再びプロンプト
が表示されるはずです。

図1-31　**IDLEにコマンドを入力して動作確認**

　これでPythonの動作確認はOKです。入力したコマンドについて簡単に
説明しておきましょう。これはPython言語の文字列や数値を標準出力（通
常は画面）に表示するprint関数の引数に、「Hello,Python」という文字列を
渡すというコマンドです。Enterキーを入力することで、このコマンドが実行
され、画面に指定した文字列が出力されました。
　これでPythonのインストールも確認できました。Pythonで開発したプ
ログラムを実行する環境が整ったわけです。この段階でプログラミングす
ることもできるのですが、実際にはソースコードエディタもしくは統合開発
環境[6]などと呼ばれる開発用のツールを使うことがほとんどです。そうした
ツールを使ったほうが、効率良くプログラミングできるためです。そこで、続
けて開発ツールもインストールしておきましょう。

＊6　IDE（Integrated Development Environmentの略）と呼ばれることもあります。

Visual Studio Codeをインストール

　本書では開発ツールにはVisual Studio Code（以下、VSCode）をインストールした環境を前提に解説しています。VSCodeは、Microsoftが提供するプログラミング支援ツールで、無料で利用できます。これを使うとプログラミングがグッと楽になります。開発ツールとしては比較的新しいのですが、プログラミングの初心者からベテランまで、多くの人が利用する定番ツールになっています。

　VSCodeを導入するには、まず公式サイト（https://code.visualstudio.com/）からインストール用プログラムをダウンロードします。

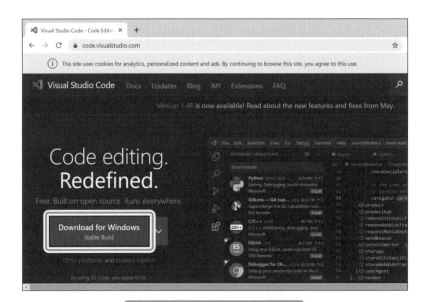

https://code.visualstudio.com/

図1-32　Visual Studio Code の公式サイトからWindows版をダウンロード

　Windowsパソコンで公式サイトを開くと、「Download for Windows」ボタンが表示されます。これをクリックして実行形式のファイルをダウンロードします。サイト側で、自動的にユーザー側のOSを判別してくれるので、MacOSを使っている場合は「Download for Mac」ボタンが表示されます。

　ボタンの2行目に表示されている「Stable Build」は「安定版」という意味です。ソフトウェアによってはalpha版（テスト版の扱い）やbeta版（試用版の扱い）、Release Candidate（リリース候補版＝正式版の直前段階）を公開して、新しい機能をいち早く紹介したり、ユーザーにテストを依頼したり、評価を求めたりすることがあります。こうしたプロセスを経て改良されることにより、Stable Buildが公開されます。

　ダウンロードしたファイルをダブルクリックすると、インストールが始まります。画面の指示に従って、インストールを進めてください。VSCodeのインストールではほとんど設定を変更するところはありません。インストール先の指定画面でも、表示されたディレクトリのまま、「次へ」をクリックして作業を進めていきましょう。

　「追加タスクの選択」ではPATHへの追加にチェックが付いていることを確認します。

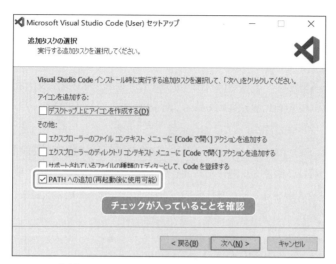

図1-33 「追加タスクの選択」画面ではPATHに関する設定を確認

　基本的には初期状態でチェックがオンになっているはずです。それを確認したら、そのまま「次へ」ボタンをクリックして次の画面に進め、インストールを完了させましょう。

　セットアップウィザードの完了画面が表示されたら、Visual Studio Codeを実行するにチェックが付いている状態で完了をクリックします。

図1-34　**この画面が表示されたらインストールは完了**

プログラミングに必須の拡張機能を導入

　VSCodeを便利に使うためには、本体のインストールに加えてもう少し準備が必要です。Pythonでプログラミングするためには、拡張機能（エクステンション）が必須と思ってください。

　導入するのは、VSCodeの表示を日本語化する拡張機能（Japanese Language Pack for Visual Studio Code）とPythonのコード入力を支援する拡張機能（Python Extension for Visual StudioCode）です。Python Extension for Visual Studio Code をインストールすると、自動インデント、プログラムコードの自動補完（IntelliSense）、より厳密な文法チェック（lint機能）を始めとしたプログラミングの支援機能がVSCodeで使えるようになります。今後、たくさんプログラミングしていくうちにこうした支援機能が必須であることを実感できると思います。これを使わない手はないので、最初から導入しておきましょう。

　VS Codeが起動したら、日本語化から進めて行きましょう。画面左端に並んでいるメニューの、上から5 番目のExtensionsアイコンをクリックします。

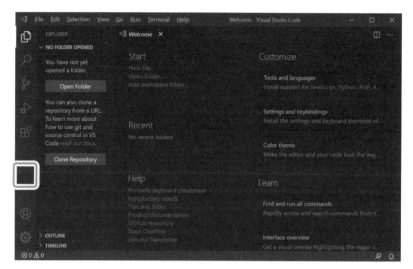

図1-35　**Visual Studio Code を起動したら Extensions をクリック**

　すると拡張機能を検索するためのボックス「Search Extensions in Marketplace」が表示されるので、「japanese」で検索します。すると、その下にJapaneseに関連する拡張機能が一覧表示されるので、一番上のものをクリックします。それが、MicrosoftのJapanese Language Pack for Visual Studio Codeであることを確認して、installをクリックします。

図1-36　**japaneseで検索して一番上に表示されたJapanese Langua……をク
リックして、拡張機能をインストール**

　ただし、これだけでは日本語化されません。VSCode を再起動する必要
があるので、画面右下に表示された「Restart Now」ボタンをクリックしま
す。

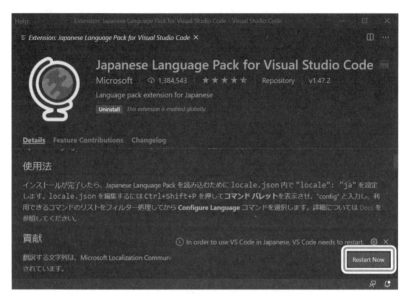

図1-37 画面右下に「Restart Now」ボタンがある

これでVSCodeが再起動し、表示が日本語化されました。

図1-38 再起動すると表示が日本語に

　ただし、この機能は何かの拍子にまた英語に戻ってしまうときがあります。そんなときは、Ctrl+Shift+Pを押してコマンドパレットを表示させ、Configure Display Languageコマンドを選択します。

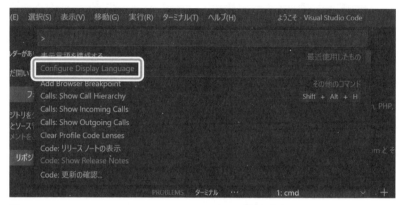

図1-39　**Configure Display Languageから言語を設定**

　すると、選択できる言語が一覧表示されるので、「ja」を選びます。

　もしコマンドパレットを開いたときに、表示されるコマンドが多すぎてConfitgure Display Languageを見つけづらいときは、検索ボックスに「config」と入力し、利用できるコマンドのリストを絞り込むといいでしょう。

　続いて、Python Extension for Visual Studio Code をインストールしましょう。基本的な手順は同じです。もう一度、EXTENSIONS の画面に戻って、拡張機能で今度は「Python」で検索します。

　開発元としてMicrosoftが表示されているPython Extension for Visual Studio Codeを選択し、インストールをクリックします。

図1-40　**検索結果に表示されたPython Extension for Visual Studio Code（結果一覧の一番上）を選んでインストール**

上記のインストールが終わったら、lint機能を確認しましょう。「ファイル」メニューから「ユーザー設定」→「設定」を選びます。

図1-41 「設定」を開いたところ

　上の図のように設定内容がたくさん表示されるので、設定の検索ボックス
に「pylint」と入力して検索します。そして、python>linting.Enabledおよ
びpython>linting.PylintEnabledにチェックが付いていることを確かめま
す。

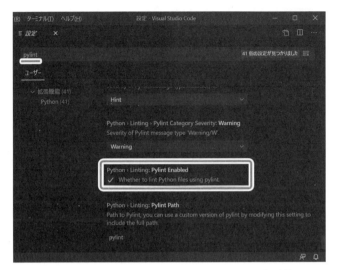

図1-42 python>linting.PylintEnabledにチェックが付いてい
る様子

　Lintとは静的コード解析機能のことです。構文の間違いをチェックできる
だけでなく、文法的にはおかしくなくてもあいまいな記述になっているなど、
エラーにつながりかねないコードについても指摘してくれるので、プログラム
の実行前に間違いを見つけることが可能になります。

必ず「フォルダーを開く」操作から

　では、VSCodeの動作を確認しがてら、基本的なVSCodeの使い方を見
ておきましょう。ウィンドウ左端には5個のアイコンが縦に並んでいます。こ
のうち、一番上の「エクスプローラー」アイコンをクリックします。すると、そ
の右側の領域に「フォルダーを開く」ボタンが表示されます。これがプログ
ラミング作業の第一歩です。

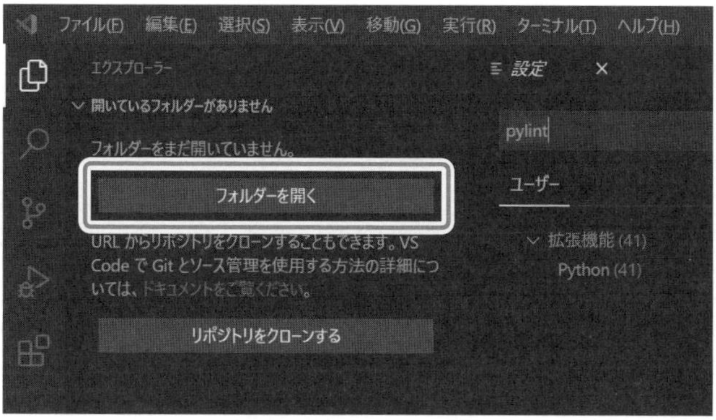

図1-43 「フォルダーを開く」をクリック

　クリックすると、フォルダを選ぶダイアログボックスが開くのですが、ではどのフォルダを開けば良いのでしょうか？　通常は、すべての開発作業に先駆けて、事前にPythonプログラムを保存するためのフォルダを作っておくのが定跡です。開発に着手して以降は、そのフォルダにプログラムを作成していくという流れになります。VSCodeで開くのは、そのフォルダになります。

　本書のサンプルプログラムを実行する場合は、各章のprgフォルダを開いてください[7]。本書のサンプルファイルは全6章の章ごとに「01」から「06」というフォルダに分かれています。それぞれのフォルダの中には「data」フォルダと「prg」フォルダがあります。dataのほうにはプログラムで処理する対象のExcelファイルなどが収録されており、prgにはその章で紹介するプログラムが収録されています。

　どの章であれ、その配下のprgフォルダを開く操作をしてから、新規にプログラムを作ったり、サンプルプログラムを開いたりといった操作をしてください。

　VSCodeで、本章のprgフォルダを開くと、merge_print.pyとmerge_print2.pyが表示されます。そのファイル名をクリックすると、VSCodeで読み込むことができます。

---

*7　サンプルファイルの入手方法については、8ページを参照してください。

```
 ファイル(F)  編集(E)  選択(S)  表示(V)  移動(G)  実行(R)  ターミナル(T)  ヘルプ(H)          merge_pr
 エクスプローラー              merge_print.py      merge_print2.py ×
 ∨ PRG                      merge_print2.py ...
   merge_print.py      3     5    CHECK_ROW = 3    #定数扱い
   merge_print2.py     3     6    wb = openpyxl.load_workbook(r"..\data\5
                             7    sh1 = wb["宛名書き"]
                             8    sh2 = wb["文章"]
                             9    del wb["印刷用"]      #Pythonのdel文
                            10    sh3 = wb.create_sheet("印刷用")
                            11
```

図1-44　第1章のprgフォルダを開き、プログラムを表示したところ

「フォルダーを開く」という操作が必要な理由は、VSCodeにカレントディ
レクトリを示すためです。prgフォルダを開くことで、prgフォルダがカレント
ディレクトリになり、dataフォルダのExcelブックに相対パスで正しくアクセ
スできるようになります。

このフォルダに新しいプログラムを作成したいときは、フォルダ名である
prgの右横の新しいファイルアイコンをクリックしてください。

図1-45　新しいファイルアイコンをクリック

すると、新しいプログラム名を入力するボックスが現れますので、ファイル
名を指定します。ここではnew_prg.pyとしました。ファイル名を入力すると
きには必ず拡張子の「.py」も含めてください。

図1-46　プログラム名を拡張子.pyも含めて入力する

　続いて、プログラムを入力し、実行してみましょう。まず、ウィンドウ右側のエディタ上部のタブを見て、new_prg.pyが開いていることを確認します。この時点では、エディタには何も入力されていない状態で、1行目の入力ができるようになっているはずです。

　ここに、

```
print("日本語")
```

と入力します。

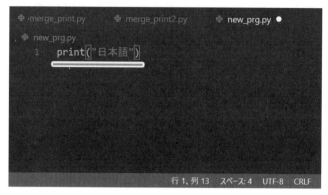

図1-47　print("日本語")とコーディング

　「print」のあとの「(」や、その次の「"」を入力すると、自動的に閉じる側の
カッコも対になって入力されたことがわかると思います。これがコードの入
力支援機能の一つです。この機能のおかげで、カッコの閉じ忘れという記述
ミスを防ぐことができます。

　入力したら、「ファイル」メニューから「保存」を選び、new_prg.pyを保存
します。

　では、new_prg.pyを実行してみましょう。「実行」メニューから、「デバッグ
なしで実行」を選ぶと、VSCode上でプログラムを実行することができます。
実行結果は、エディタの下のターミナルに表示されます。ターミナルを見る
と、「日本語」と出力されているはずです。これで、VSCodeの動作確認も
できたことになります。

図1-48　ターミナルに「日本語」と出力された

　これで、Pythonのインストールが完了し、開発ツールのVSCodeもインストールできました。それぞれの動作確認も取れました。でも、本書のテーマであるExcelデータの操作のためには、もう少し準備が必要です。

openpyxlライブラリをインストール

　本章のサンプルプログラムをはじめ、本書で紹介するプログラムを実行するには、外部ライブラリであるopenpyxlをインストールする必要があります。準備の最終段階として、外部ライブラリのインストール方法を紹介しましょう。

　一般的なアプリケーションソフトと異なり、外部ライブラリのインストールにはターミナルの操作が必要なものがほとんどです。エディタ下部の領域で「ターミナル」タブを開きます。ターミナルでは、一番最後の行にその時点のカレントディレクトリに続けて、

```
>
```

が表示されています。これがターミナルのプロンプトです。この記号に続けてコマンドを入力します。

　外部ライブラリのopenpyxlをインストールする場合は、

```
pip install openpyxl
```

と入力し、Enter キーで実行します。

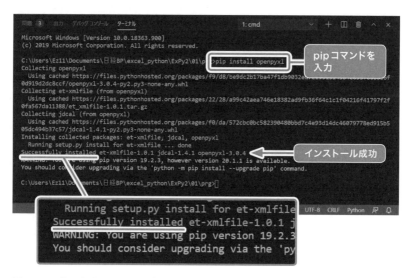

図1-49　**ターミナルで pip install openpyxl を実行する**

　インストール中はいろいろなメッセージが表示されますが、それを一つひ
とつ理解する必要はありません。しばらくして、Successfully installedと
表示されれば成功です。

pipコマンドのアップグレード

openpyxlをインストールが完了すると、Successfully installedと表示されます。このとき、その下にWARNING（実際には黄色の文字）と表示され、警告を示すメッセージが表示されることがあります。これは、pipコマンド自体をアップグレードした方が良いよというメッセージです。決して急ぎませんが、折りを見てアップグレードしましょう。メッセージに表示されている通り、ターミナルに

```
python -m pip install --upgrade pip
```

と入力してEnterキーを押せば実行できます。ここで注意が必要なのは、オプションの「m」の前のハイフンがひとつなのに対して、「upgrade」の前のハイフンがふたつ重なっている点です。これは、この通りに入力しないとエラーになります。

Pythonプログラムを実行する

これで、本章のサンプルプログラムが実行できるようになりました。ここで、Pythonプログラムを使う手順を見ておきましょう。ここでは、完成したファイルを第三者に渡して使ってもらうことを想定しています。もちろん、自分で仕上げたファイルを自分で使うときも同様です。

プログラムを書き換えたり、新規に作成したりしないパソコンの場合は、VSCodeは不要です。このため、VSCodeのインストールは省略できます。

そうした環境でも、Pythonとopenpyxlのインストールは必要です。

　先ほどはopenpyxlをVSCodeのターミナルからインストールしましたが、Windows PowerShellやコマンドプロンプトなどの標準ツールでも同様の操作でインストールすることができます。VSCodeが必要ない環境でのインストール方法として紹介しておきましょう。

　ここでは、Windows PowerShellで説明します。スタートメニューからWindows PowerShell → Windows PowerShellの順でクリックして起動します。

　Windows PowerShellのプロンプトである「>」が表示されたら、

```
pip install openpyxl
```

と入力してEnterキーを押せば、あとはVSCodeのターミナルでインストールするときと同じです。

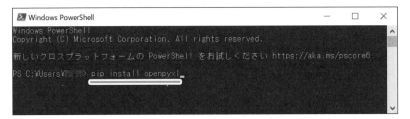

図1-50　**Windows PowerShellでpip install openpyxlを実行**

　さて、プログラムを実行するだけの場合も、フォルダはプログラムを開発するときと同じ構成にします。つまり、任意のフォルダの中に同じ階層でprgとdataフォルダが存在するようにします。

　本章のサンプルファイルを例にすると、01フォルダ内にprgとdataフォルダがあります。そして、プログラム本体のmerge_print2.pyはprgフォルダに入っているわけです。そして、dataフォルダには「50周年祝賀会の案内先.xlsx」が入っているわけです。

　この構成で、カレントディレクトリをprgフォルダに移します。それには
Windows PowerShellのコマンドを使う方法もありますが、コマンド操作
に不慣れな方も多いでしょう。そこで、ここではエクスプローラーで01フォ
ルダ内のprgフォルダを開くことにします。

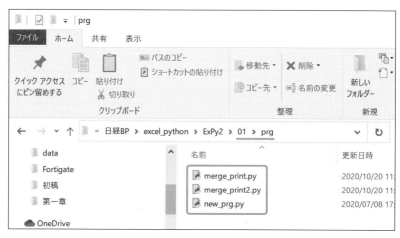

図1-51　**merge_print.py や merge_print2.py がある prgフォルダ**

　prgフォルダには、少なくともmerge_print.pyとmerge_print2.pyがあ
るはずです。
　ここでエクスプローラーの「ファイル」タブから「Windows PowerShell
を開く」→「Windows PowerShell」を開くを選びます。

図1-52　エクスプローラーからWindows PowerShellを開く

　Windows PowerShellが起動すると、プロンプトの左側の表示で01¥prgがカレントディレクトリになっていることがわかります。そうしたら、プロンプトに続けて、

```
python merge_print2.py
```

とpython、スペース1個、目的のプログラム名.pyと入力してEnterキーを押します。

図1-53　python merge_print2.pyでmerge_print2.pyを実行

これで目的のプログラムであるmerge_print2.pyを実行することができます。

また、本章の手順通りにPythonをインストールした場合は、py launcherも同時にインストールされています。このため、

```
py 目的のプログラム名.py
```

と入力しても、同じようにプログラムを実行できます。

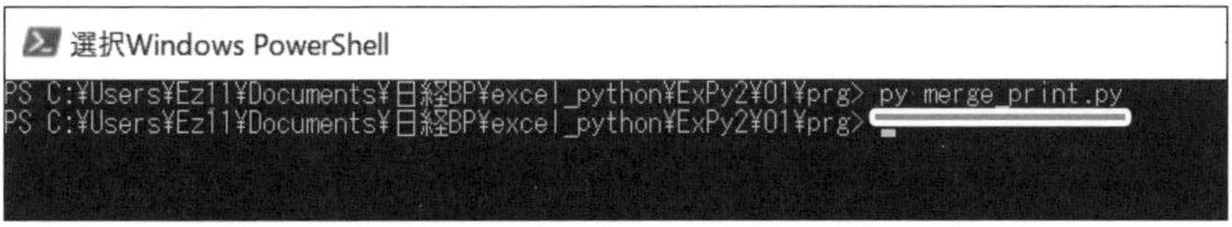

図1-54 **py merge_print.pyでmerge_print.pyを実行**

Chapter 2

Python プログラミングの基礎

麻美、Pythonの基礎を勉強する

シーマアパレルの合理化推進室のオフィスをのぞいてみましょう。二人いるスタッフの一人、麻美さんが本を読みながら、何やらむずかしい顔をしています。

麻美　ねえ、センガク室長、わたし、今日は朝からずっとこの『超簡単 Python 入門』という本読んで、VS Code にポチポチ打ち込んで試したりしてるんだけど、勤務時間にこんな勉強ばっかりしてて良いの？

センガク　あん？ 麻美ちゃん、じゃあ、家で Python の勉強して、会社でプログラミングしてたら、いつ休むの？

麻美　でも、勉強だけして、お給料もらうのって気が引けるっていうか……

センガク　そのうち、仕事で結果出せば良いんだよ

麻美　それって、結構プレッシャーよね

センガク　まあ、焦らないで勉強も続けてよ

　申し遅れましたが、センガクこと千田学はかつて、Python プログラムで社内の Excel データを効率よく処理することにより、草の根 RPA というか社内の業務の合理化に貢献したことを評価され、社長の鶴の一言で、新設された合理化推進室の室長になったのでした。

　室長といっても部下は同期入社で腐れ縁の千田麻美ひとりなので、センガクの奮闘は続きます。

　さて、みなさんも麻美ちゃんと一緒に、Python の基礎を勉強しましょう。ここでは、本書のプログラムを理解して、自分で同様のプログラムを作れるようになる範囲の基礎知識を解説します。といっても、プログラミングの基本的な考え方と、Python の記述についての重要なポイントはほぼカバーしています。本書で学んだことを応用して自分用のプログラムを作るときには必須の知識ばかりです。ぜひこの機会に理解を深めてください。

変数とデータ型

プログラミング言語の最も基本的な機能の一つに変数があります。変数とはプログラムを実行するうえで必要な値を覚えておくために、コンピュータのメモリの一部に名前をつけて使えるようにする仕組みです。

第1章のサンプルプログラムでは、すでにいろいろな変数を使っています。たとえば、merge_print.pyの14行目を見てみましょう。

```
14   i = 1
```

これは、何件目の得意先データを扱っているか記憶するために使った変数です。左辺のiがそれに当たります。このi = 1とは、iに1を代入するということです。「変数iを最初に使うときに、まずはiを1とする」というのが、この14行目の意味です。

このiは最も基本的な変数です。この場合、整数値を記憶します。カンのいい人ならば「整数値でない値もあるの?」と思うかもしれません。それは、このあとの「データ型」でくわしく説明します。

merge_print.pyでは、i以外にも変数を使っています。たとえば5〜9行目は、

```
5   wb = openpyxl.load_workbook(r"..\data\50周年祝賀会の案
                                                内先.xlsx")
6   sh1 = wb["宛先"]
7   sh2 = wb["文章"]
         (省略)
9   sh3 = wb.create_sheet("印刷用")
```

となっていますが、上記の行はいずれも左辺が変数です。5行目は、変数wbにこのプログラムで取り扱うExcelのブック（ファイル）を代入しています。こうすることで、「プログラムのあるフォルダの一つ上のフォルダにあるdataフォルダに保存されている50周年祝賀会の案内先.xlsx」といちいち記述しなくても、6行目以降ではwbと書けばファイルが特定できるようになります。

　6行目、7行目、9行目の変数sh1～sh3には、それぞれwbが記憶しているブックの、どのシートを扱うかを指定している記述です。たとえば6行目の

```
6  sh1 = wb["宛先"]
```

は、「変数sh1にwbの値であるExcelブックの"宛先"シートを代入する」という意味です。もう少しくだいて言うと、「これ以降は、sh1と書けばwbのブックの"宛先"シートのことを指す」と言ってもいいかもしれません。

　このように変数には整数を入れることもできますし、ファイルやワークシートなどを扱わせることもできます。ほかにもさまざまな種類のデータを値として代入することができるのですが、まずは基本となるデータ型から見ていきましょう。

データの種類を示すデータ型

　プログラミングでは、値すなわちデータの種類について意識する必要があります。これをデータ型と言います。まずは基本的なデータ型として、数値型、ブール型、文字列型を覚えてください。

表2-1　**基本のデータ型は4種類**

データ型		特徴
数値型	整数型 (int)	小数点以下をも持たない数値を表現する、マイナスを付けると負の数、付けないと正の数 例）-120、-3、0、3、1600、など
	浮動小数点数型 (float)	小数点以下を持つ数値を表現する数値型 例）12.234、-123.456、など
ブール型 (bool)		True（真）とFalse(偽)という2種類の値を表現する
文字列型 (str)		1字以上の文字の並びを表現する シングルクォートもしくはダブルクォートで囲む 例）'Hello'、"See you"、'こんにちは'、"またね"、など

　Pythonの基本データ型は、ほかのプログラム言語に比べてシンプルです。種類が少ないので、どのデータ型を使うか迷うことがありません。小数点以下を持たない数値は整数型です。int型ということもあります。慣れてくると、「整数」と言うより「int」と言うことのほうが多くなると思います。プログラムの中で明示的に整数を扱うような場合はintと記述することがあるためです。小数点以下を持つ数値は浮動小数点数型です。float型とも言います。

　ほかの言語、たとえばJavaなどでは、整数型だけでも数値の大きさ（桁数）によって5種類ぐらいデータ型があり、プログラマがどのくらいの桁数の値になるのかを意識して使い分ける必要があります。

　ブール（bool）型は、True（真）もしくはFalse（偽）という二つの値を表現します。True とFalseの2値しか記録できないので使い勝手が悪いように感じられるかもしれませんが、ブール型はプログラムの制御に利用する重要なデータ型です。このあとで説明するif文において「条件が真だったら○○する」という判断にブール型の変数を使います。

　str（文字列）型は一つ以上の文字の並びを表現するデータ型です。C言語などではデータが1文字の場合と複数の文字の場合でデータ型を分けますが、Pythonの場合は区別しません。

　これらがPythonの基本データ型です。プログラムで変数を利用するとき、このようなデータ型をあらかじめ決めておかなければならないプログラム言

語があります。これを「静的型付け言語」と呼びます。JavaやC言語は静的型付け言語です。静的型付け言語では変数を利用するのに先だって、あらかじめ宣言する必要があるのですが、その際にデータ型が何であるかも記述しなければなりません。

これに対し、Pythonは動的型付け言語です。動的型付け言語では、変数型はプログラムの実行時に、その変数が実際にどの型の値になっているかによって決まります。

先ほどの

```
i = 1
```

という例では、iに1を代入した時点で、iのデータ型は整数型（int型）に決まります。なお、こういう記述の「=」のことを代入演算子と呼びます。

VSCodeでいろいろ試してみましょう。VSCodeを起動したら、ターミナルにpythonと入力してEnterキーを押します。すると

```
>>>
```

というPythonのプロンプトが表示されます。これは、Pythonの対話型のプログラム実行環境が起動したことを示します。ここにプログラムコードを入力して、Enterキーで実行することができます。

図2-1　**VSCodeのターミナルにpythonと入力してEnterキーを押す**

　次の図は、iに1を代入したあと、データ型を調べるtype関数の引数にiを渡して実行した例です。

```
>>> i = 1
>>> type(i)
<class 'int'>
>>>
```

図2-2　**type関数で変数のデータ型を調べる**

すると、

```
class 'int'
```

と表示されました。これで、iがこの時点では整数型であることがわかります。

　次に、iに3.14を代入してみました。同様にtype関数で調べてみると、今度は変数iはfloat型になりました。代入した値の種類によって、変数のデータ型が変わったことがわかります。これが動的に型付けするという意味です。

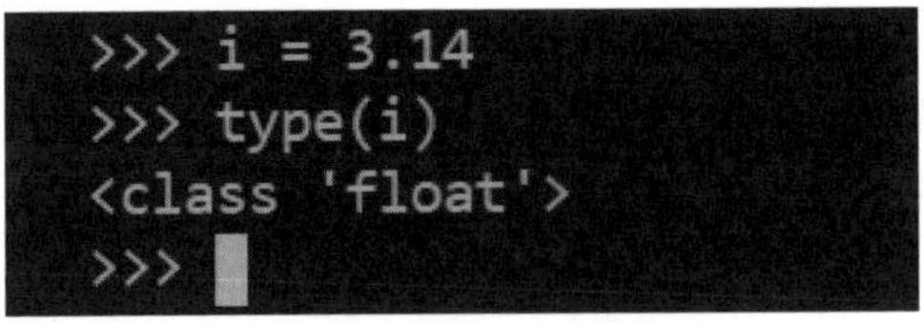

```
>>> i = 3.14
>>> type(i)
<class 'float'>
>>>
```

図2-3　**iに3.14を代入するとfloat型に**

　同じように変数iにHelloという文字列を代入するとstr型になります。筆者はダブルクォートで文字列を囲むことが多いのですが、シングルクォートで囲むこともできます。str型と表示されていますね。真偽（ブール）値のTrueを代入するとbool型になります。真偽値のTrueやFalseはダブルクォートやシングルクォートでは囲まないで記述します。

```
>>> i = "Hello"
>>> type(i)
<class 'str'>
>>> i = True
>>> type(i)
<class 'bool'>
>>>
```

図2-4　**文字列とブール値**

変数名の付け方

　変数を使うには、その変数に必ず名前を付ける必要があります。基本的には自由に名前を決められるのですが、制限がないわけではありません。名前の付け方には少しPythonのルールを意識する必要があります。

・変数名に使える文字は大小英文字と数字、そしてアンダースコア（ _ ）である

　　アンダースコア以外の記号やスペースを変数名に使うことはできません。
・数字は変数名の1文字目にできない

　　str1は変数名として使えますが、1str は使えません。
・大文字と小文字は区別される

　　Python はAとa を違う変数名と認識します。もちろん、Abcとabcも違います。
・予約語は使えない

　　「はじめに」で紹介したPythonの予約語を変数名として使うことはできません。つまり、「True = 5」や「print = "Excel and Python"」といった記述はできません。

　これらの制限を踏まえておけば、変数名は自由に付けられます。でも、自分なりにルールを決めておいたほうがいいでしょう。いずれみなさんも、たく

さんの変数を駆使するようなプログラムを作るようになると思います。その
とき無秩序に変数名を付けていくと、変数を取り違えたり、内容が重複する
変数を作ってしまったりして、自分が混乱することになりかねません。

　変数名のルールも自由に決めていいのですが、自由と言われるとかえって
困ってしまうかもしれませんね。そこでさしあたりお薦めするのが、英小文字
を使うことと、わかりやすい言葉を使うことです。たとえば、出費や費用を計
算するための変数をcostとしたり、価格を取り扱う変数にはpriceと名付け
たりといった英単語を使う方法です。よく似た性質の変数を複数作成したい
ときは、数字と組み合わせてcost1、cost2としたり、意味を持たせたいとき
はアンダースコアと組み合わせてprice_normal、price_saleとしたりする
とわかりやすいでしょう。

　ここまで変数について説明してきました。変数は、処理の途中で値が変わ
る可能性があり、値を変えられるようになっています。その一方で、一度定義
したら値が変わらないものもあります。これを「定数」と言います。

　プログラミング言語によっては変数とは異なり、定数は定数として扱うも
のもあります。でも、Pythonには文法としての定数は用意されていません。
それでも、ある変数の値がプログラムの開始から終了まで変わらないような
使い方をするのであれば、その変数は定数であると見なせます。そんな定数
には、間違って値を変更することのないように通常の変数とは異なる名前を
付けておきたいですね。そこで、定数には英大文字を使って区別することを
お薦めします。たとえば、価格の最大値をPRICE_MAX = 100000 のよう
に宣言するとよいと思います。変数には小文字を使うと良いとお薦めしたの
は、実は定数と区別しやすいという意図もあったのです。

さまざまな演算子

代入演算子「＝」を使って変数に値を代入することを説明しましたが、プログラミングではほかにもいろいろな演算子を使います。Pythonの基本的な演算子を紹介しましょう。ここでは、算術演算子、比較演算子、複合代入演算子、論理演算子について説明します。

算術演算子

まずは算術演算子から見ていきましょう。

表2-2　**算術演算子**

演算の種類	演算子
足し算	＋
引き算	－
掛け算	*（アスタリスク）
割り算	/（スラッシュ）
剰余算	％
商を整数で	//
べき乗	**

算術演算子は、変数の値を書き換えたり、変数同士で計算したりするときに使います。これもターミナルで試してみましょう。変数iの値を、演算により書き換えてみます。

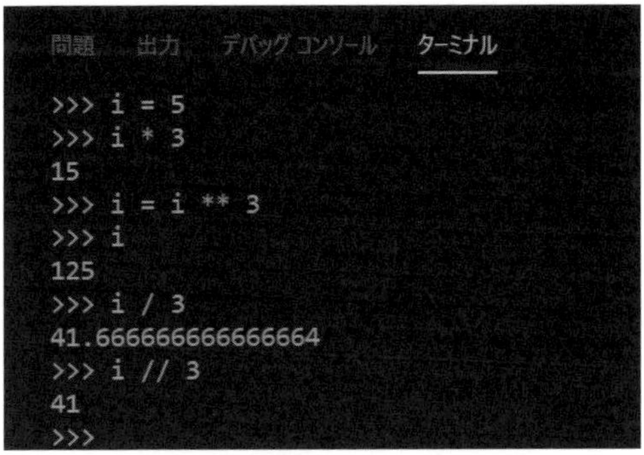

図2-5　ターミナルで算術演算子を使う

　まずiに5を代入します。i×3（ターミナルでの記述はi * 3、以下同）の結果は15です。でも、この時点でiの値は5のままです。次にiの3乗（i ** 3）の結果をiに代入します。5の3乗ですから、iの値は125になります。

　i÷3（i / 3）の結果は割り切れませんが、i // 3とすると商を整数で返してくれます。

　第1章のサンプルプログラム（merge_print.py）では

```
  sh3_row = (i - 1) * 20
```

という記述（16行目）の(i - 1) * 20といったところに、算術演算子が使われています。

比較演算子

　算術演算子のほかにも、重要な演算子があります。＝は右辺の値を左辺に入れる代入演算子だと説明しました。多くのプログラミング言語が、このような＝の使い方をします。でも、数学では＝記号はイコールと呼び、左辺と右辺の値が等しいことを示します。このため、＝を代入演算子として使ってしまうと、左辺と右辺の値が等しいかどうかはイコールだけでは示せません。そこで、プログラムでは＝＝と＝を二つ続けた演算子を使います。プログラムで

＝を使うと代入ですが、＝＝なら「左辺と右辺が等しいかどうか」を調べるといったように使い分けることができます。こうした演算子を比較演算子と言います。

表2-3　**比較演算子**

演算子の記述	演算の内容
x == y	xとyが等しいときにTrueを返す
x != y	xとyが等しくないときにTrueを返す
x < y	xがyより小さいときにTrueを返す
x <= y	xがy以下のときにTrueを返す
x > y	xがyより大きいときにTrueを返す
x >= y	xがy以上のときにTrueを返す

第1章のmerge_print2.pyでは、案内状の送付先であることを示す＊（アスタリスク）を入力した得意先かどうかを判断するif文の中で

```
if row[CHECK_ROW].value == "*":
```

のように＝＝を使っています（17行目）。

実際に、変数iに5を代入、変数jに3を代入して、比較演算子を使ってみましょう。

```
問題　出力　デバッグ コンソール　ターミナル
>>> i = 5
>>> j = 3
>>> i == j
False
>>> i != j
True
>>> i < j
False
>>> i >= j
True
```

図2-6　**ターミナルで比較演算子を使う**

　比較演算子は演算の結果としてブール値（True もしくはFalse）を返します。「iとjが等しいか」を調べる

```
i == j
```

にはFalseを返します。「iとjは異なっているか」と聞く

```
i != j
```

にはTrueを返します。「iはjより小さいか」を判断する

```
i < j
```

に対してはFalseを返します。

```
i >= j
```

に対しては、iの値はj以上という比較条件を満たすので Trueを返します。

複合代入演算子

　演算子を使った代入を効率良く記述するための演算子が複合演算子です。
　同じ処理を10 回繰り返す、といったプログラムのときには、回数を数えるカウンターとして使う変数の値を1ずつ増やしながら、定型のコードを実行するという処理をします。こうした処理パターンは多くのプログラムで使われています。
　たとえば、カウンター用の変数をiとして、1ずつカウントアップするコードはi = i + 1なのですが、実際にはこれをi += 1と省略して書くことができます。これを複合代入演算子と言います。

表2-4 **複合代入演算子**

演算子の記述	演算の内容
x += y	x + y の結果を x に代入
x -= y	x - y の結果を x に代入
x *= y	x * y の結果を x に代入
x /= y	x / y の結果を x に代入
x %= y	x / y の余りを x に代入

第1章の merge_print.py の中でも複合代入演算子は使われています。具体的には、for ループの中で、宛先シートを次の得意先に進めるための

```
        i += 1
```

という記述が複合代入演算子を使った記述です。これにより、iの値に1を加えて、なおかつその値をiの新しい値として代入することができます。

論理演算子

最後に論理演算子を紹介しましょう。論理演算子は主に条件式のなかで使われます。論理演算子にもいろいろありますが、今はまず and、or、not の3種類を覚えてください。

こうした演算子は、主に if 文など、条件式を使って処理を制御するときに使います。複数の条件があるときに、各条件を論理演算子を使って列挙することで、複数の条件を一度に評価することができます。

and と or、not が何を表すかは、数学で集合を学ぶときに使ったベン図を見るとわかりやすいかもしれません。and は条件が同時に成立するかどうかを評価します。これを「論理積」と言います。or は、条件のうちいずれか一つ以上が成立しているかどうかを評価します。これを「論理和」と言います。いずれも成立していれば True を返し、成立していなければ False を返します。

not は「否定」を表し、条件に合わないものであるときに True を返します。

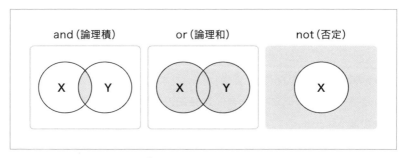

図2-7　and、or、notが示す範囲

　もちろん論理演算子はこれだけではありません。いずれ高度なプログラム
を作るようになると、必要になる可能性があります。まずはこの3種類の演
算子を見て、論理演算でできることをイメージしてください。

表2-5　**論理演算子**

演算子の記述	演算の内容
x and y	xとyの論理積……xとyのどちらもTrueならTrueを返す
x or y	xとyの論理和……xとyのどちらかがTrueならTrueを返す
not x	xの否定……xがTrueならFalseを、FlaseならTrueを返す

　論理演算子を使って複数の条件を一度に評価する例を見てみましょう。

```
問題　　出力　　デバッグ コンソール　　ターミナル
>>> i = 1
>>> j = 10
>>> i < 3 and j > 9
True
>>> i > 5 or j > 5
True
```

図2-8　**論理演算子を使った条件判断**

iに1、jに10をそれぞれ代入し、これを前提に論理演算子を使いました。

```
i < 3 and j > 9
```

というのは、「iが3より小さく、かつjが9より大きい」を示します。この「かつ」
がandです。これが成立するときにTrueを返します。

　orのほうは、

```
i > 5 or j > 5
```

で、これは「iが5より大きい、またはjが5より大きい」という記述です。どち
らか一方でも条件が成り立っていれば、Trueを返します。この場合、i > 5は
成り立っていませんが、j > 5は成り立っているので、値がTrueになるわけで
す。

外部ライブラリとimport

　第1章で、本書では必須の外部ライブラリであるopenpyxlライブラリをインストールしました。ここではライブラリとはそもそもどういうものか、もう少しくわしく説明しましょう。ライブラリは、モジュールとして提供されているものと、パッケージで提供されているものに分かれます。

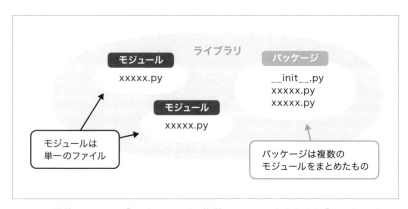

図2-9　単体ファイルの「モジュール」と、複数のファイルをまとめた「パッケージ」

　モジュールは拡張子が「.py」という1個のPythonファイルです。モジュール単体で、何らかの機能を提供します。

　たくさんの機能をインポートしやすいよう、複数のモジュールをひとまとめにしたものがパッケージです。

　ライブラリは、Pythonをインストールしたフォルダにある「Lib」フォルダに保存されています。モジュールは各ファイルがLibフォルダにあり、パッケージはそれぞれ個別にフォルダが設けられています。パッケージとして機能するには、各フォルダに_init__.pyというファイルが必要です。

　標準のモジュールとパッケージはPython をインストールしたフォルダ内

にあるLibフォルダにあります。Libフォルダにある.pyファイルがモジュールです。パッケージは、パッケージごとにフォルダが作られています。

名前	更新日時	種類
tkinter	2020/07/07 18:40	ファイル フォルダー
turtledemo	2020/07/07 18:40	ファイル フォルダー
unittest	2020/07/07 18:40	ファイル フォルダ
urllib	2020/07/07 18:40	ファイル フォルダー
venv	2020/07/07 18:40	ファイル フォルダー
wsgiref	2020/07/07 18:40	ファイル フォルダー
xml	2020/07/07 18:40	ファイル フォルダー
xmlrpc	2020/07/07 18:40	ファイル フォルダー
__future__.py	2020/05/13 22:42	Python File
__phello__.foo.py	2020/05/13 22:42	Python File
_bootlocale.py	2020/05/13 22:42	Python File
_collections_abc.py	2020/05/13 22:42	Python File
compat_pickle.py	2020/05/13 22:42	Python File

PC > Windows (C:) > Python > Python38 > Lib

図2-10 **ライブラリはLibフォルダに**

パッケージの構成がどうなっているかを見てみましょう。たとえば、sqliteデータベースを扱うsqlite3パッケージ（sqlite3フォルダ）を開いてみます。

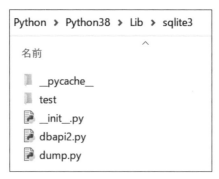

図2-11 **パッケージのフォルダ内には__init__.pyとモジュールがある**

　複数のモジュールがあることがわかりますね。このように、複数のモジュールをまとめて利用できるようにしたのがパッケージなのです。なお、__init__.pyというモジュールは、パッケージとして利用するために必要なファイルです。

　第1章でインストールしたopenpyxlもパッケージです。さて、これはどこにあるでしょうか?

図2-12　**openpyxlフォルダはsite-packages内にある**

　openpyxlはLibフォルダにある「site-packages」にフォルダとして存在しています。

　ライブラリには、Python本体と一緒にインストールされる標準ライブラリと、プログラマ/ユーザーが任意にインストールする必要がある外部ライブラリとに分かれます。その違いは、パソコンへのインストールが必要かどうかで、ライブラリをプログラムで利用するには、どちらの場合でもプログラム内でインポートする必要があります。

　第1章のサンプルプログラムmerge_print.pyの冒頭でも以下のようにインポートしています。

```
import openpyxl
from openpyxl.styles import Font
from openpyxl.worksheet.pagebreak import Break
```

　importには、どのようにプログラム内でライブラリを使うかによって、いろいろな記述方法があります。上記のコードを踏まえて、解説していきましょう。

　最も単純なimport文が

```
import モジュール名またはパッケージ名
```

です。importに続けてモジュールまたはパッケージの名前を記述します。import文の中では、インポートするライブラリがパッケージなのか、モジュールなのかは区別しません。

インポートの際に別名を付ける

　importにはライブラリを便利に使うためのさまざまな記述方法があります。まずは

```
import モジュール名 as 別名
```

という書き方です。これにより別名を付けることができます。どういうときに別名を使うかというと、モジュール名が長いときに短い別名を付けて、記述を簡素にしたり、ほかのプログラム要素と名前の重複を避けたりといった目的があるときです。導入したライブラリを頻繁に利用するような場合、2～3文字の別名にしておくだけでコーディングの面倒くささを軽減できます。また、文字数を減らすことは、キーボードの入力ミスによるエラーを防ぐのにも役立ちます。

さらに、

```
from モジュール名 import xxxxxx
```

という構文もあります。ここの「xxxxxx」には、インポートするモジュールで
定義されたクラスや関数を記述します。限られたクラスや関数を頻繁に使う
ことがわかっている場合は、それだけを取り込むことができます。
　たとえば、前ページのコード例の3行目にあった

```
from openpyxl.worksheet.pagebreak import Break
```

は、openpyxlで定義されているBreakクラスをインポートするという記述
です。ただし、この2行前に

```
import openpyxl
```

としてopenpyxlパッケージをすべてインポートしているので、3行目で別途
import Breakをしなくても、プログラムでBreakクラスを使った処理を記
述することはできます。ただし、その場合はBreakクラスを使うところで

```
openpyxl.worksheet.pagebreak.Break(sh3_row + 20)
```

のように「パッケージ名.パッケージ名.モジュール名.クラス名」と記述して
Breakクラスを使うことになります。長いですね。ところが、別途、「from モ
ジュール名 import xxxxxx」という記述でインポートをしておけば、

```
Break(sh3_row + 20)
```

と、かなり簡潔に書けるようになります。

また、

```
import パッケージ名.モジュール名（またはパッケージ名*1）
```

という構文でパッケージ名から特定のモジュールやパッケージをインポートすることもできます。ただし、この場合は常にプログラム内では「パッケージ名.モジュール名」という書き方で記述する必要があります。

制御文 ── if文による条件分岐

　制御文では、最初にif文による条件分岐とfor文による繰り返し処理をしっかり覚えましょう。まずは、条件分岐から見ていきます。

　ある条件が成り立つか否かで実行する処理を分けることをプログラミングの用語で条件分岐と言います。多くのプログラミング言語では、その制御にif文が使われます。この点はPythonも同様です。では、Pythonでのif文の使い方を見ていきましょう。

「もし……なら〜〜する」

　最も単純な構文で、if文による条件分岐を見てみましょう。それは、条件式が成り立つ（真＝True）ときに「〜〜する」です。

---

*1　パッケージの中にまたパッケージがあるような構造のパッケージもあるため、「パッケージ名.パッケージ名」といった記述もあり得ます。

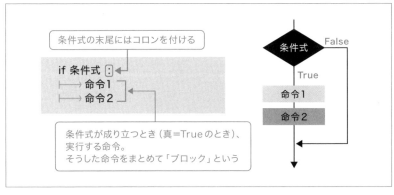

図2-13 **条件が成り立つときに処理を実行し、そうでなければスキップして先に進む if文**

　条件式の末尾にはコロンを必ず記述します。次の行以降、条件分岐の制御が終わるまでのコードには、必ずインデントが必要です。このインデントされている部分をブロックと言います。条件式が真のときに、このブロックが実行されます。

　第1章のmerge_print2.pyでは、17行目の

```
├── if row[CHECK_ROW].value == "*":
```

がプログラムに条件分岐を実装した例です。この例では特定のセルの値（row[CHECK_ROW].value）を調べて、その結果が *だったときだけ処理をします。つまり、条件式が成り立つときのみ処理をすればよく、成り立たないときは何もしません。

でも、処理によっては条件式が成り立たないときにも、特定の処理をしたいこともあります。たとえば、クイズに正解したら「○」を表示し、不正解なら「×」を表示するといった場合です。そのときにはif: else:構文を使います。

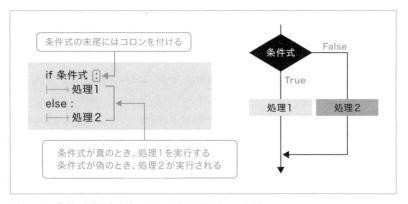

図2-14　条件が成り立たないときの処理をelseで記述

　ウォーミングアップだと思って、条件分岐を使った簡単なプログラムを作ってみましょう。Visual Studio Code（VSCode）で、どこかのフォルダを開いた状態で*2新しいファイルを作って、score.pyと名前を付けてください。新しいプログラムを作る手順がわからなくなったら、第1章を参考にしてください。

＊2　サンプルプログラムで提供したscore.pyを使う場合は、「フォルダーを開く」から02フォルダのprgフォルダを開いてください。

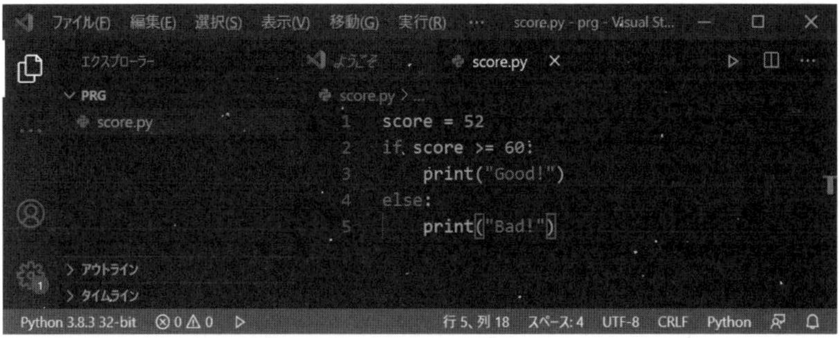

図2-15 **VSCodeに条件分岐のコードを入力**

　図2-15の画面通りにコードを入力してみましょう。正しく記述できていれ
ば、if文の行末でコロンを入力して改行すると、次の行では自動的にインデン
トが入ったり、カッコやダブルクォーテーションなどの左側を入力すると、自
動的に閉じる側も表示されたりといったように、ミスなく入力することがで
きるような機能があることがわかると思います。

　コードを入力したら、VSCodeの「実行」メニューから「デバッグなしで実
行」を選んで実行してみましょう。ターミナルには「Bad!」と表示されるはず
です。これで、else側のブロックが実行されたことがわかります。1行目の
scoreに代入する値をいろいろ書き換えて、プログラムの動作を試してみて
ください。

　これは簡素なプログラムですが、条件が成り立つ場合の処理（if文に続く
ブロック）にも、成り立たない場合の処理（elseに続くブロック）にも、複数
行のコードを記述することができます。

「こっちに当てはまれば□□する」

条件式が一つだけとは限りません。もっとたくさんある場合は、if: elif: else: 構文を使います。if文の条件式に当てはまらない場合に、elif文で新しく二つ目の条件式を追加することができます。最後に、そこまでのどの条件にも当てはまらない場合の処理を、elseで記述します。

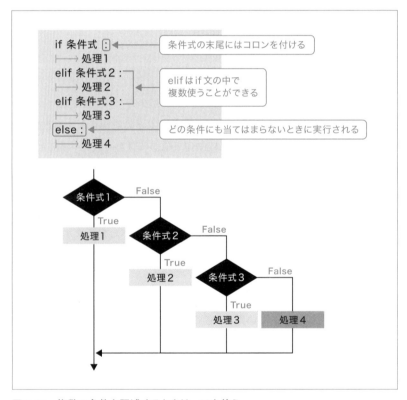

図2-16　**複数の条件を記述するときはelifを使う**

score.pyの処理を応用して、elifを使った条件分岐を試してみましょう。score1.pyは、スコアの数値（点数）によって、SからA、B、C、Dで評価するプログラムです。

プログラム 2-1　**点数によってスコアを評価するscore1.py**

```
1   score = 67
2   if score >= 90:
3   ┣━━ print("S")
4   elif score >= 80:
5   ┣━━ print("A")
6   elif score >= 70:
7   ┣━━ print("B")
8   elif score >= 60:
9   ┣━━ print("C")
10  else:
11  ┣━━ print("D")
```

　このように、elif文は複数用意することができます。このプログラムを実行するとCを出力します。1行目のscoreをいろいろな数値にして、複数あるelif文に沿って動作していることを確認しましょう。

制御文 ── for文による繰り返し

　プログラミングにおいて、if文と並んで頻繁に出現するのが、for文による繰り返し（ループ）処理です。その傾向はPythonでExcelのシートを操作するとき、より顕著になります。Excelデータを扱うときは、シートから次の行、次の行と繰り返し同じ処理をしていく、あるいはある行のセルの値を順々に読み出す動作を繰り返すといった処理が多いからです。

　次のコードは第1章のmerge_print2.pyの中心となる部分の処理です。

プログラム2-2　第1章で紹介したmerge_print2.py（15行目から）

```
15   i = 1
16   for row in sh1.iter_rows(min_row=2):
17   ├──→ if row[CHECK_ROW].value == "*":
18   ├──→├──→ sh3_row = (i - 1) * 20
19   ├──→├──→ sh3.cell(sh3_row + 4, 1).value= "    " +
                row[1].value + " " + row[2].value + "様"
20   ├──→├──→ sh3.cell(sh3_row + 1, 1).value =
                              sh2["A1"].value
21   ├──→├──→ sh3.cell(sh3_row + 1, 1).font = font_
                                      header
22   ├──→├──→ sh3.merge_cells(start_row=sh3_row +
                1,start_column= 1,end_row=sh3_row +
                        1,end_column=9)
23   ├──→├──→ sh3.cell(sh3_row + 1,
                1).alignment = openpyxl.styles.
                    Alignment(horizontal="center")
24   ├──→├──→ j = 7
25   ├──→├──→ for sh2_row in sh2.iter_rows(min_row=2):
26   ├──→├──→├──→ sh3.cell(sh3_row + j, 2).value =
                              sh2_row[0].value
27   ├──→├──→├──→ j += 1
28
29   ├──→├──→ page_break = Break(sh3_row + 20)   #ページ
                              ブレイクオブジェクトの作成
30   ├──→├──→ sh3.row_breaks.append(page_break)
31   ├──→├──→ i += 1
```

　あらためてこのコードを見てみると、for文（16行目）によるループ処理の中に、またループ処理が入っています（25行目のfor文）。外側のループは「宛先」シートから1行ずつrow（行）を取得する処理で、内側のforループは「文章」シートから、案内文の本文を複数行にわたって取得する処理です。

　for文の構造を見てみましょう。

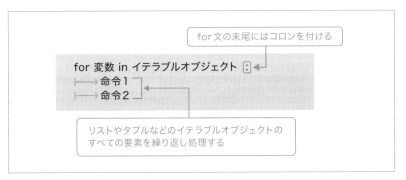

図2-17　**for in文による繰り返し制御**

　イテラブルオブジェクトとは、複数の要素から要素を一つずつ順次返すオブジェクトのことを言います。前述のmerge_print2.pyでいうと、16行目の

```
for row in sh1.iter_rows(min_row=2)
```

にある

```
sh1.iter_rows(min_row=2)
```

の部分です。openpyxlのiter_rowsは、対象となるシートのrow（行）を指定された位置から1行ずつ順々に繰り返し取得するメソッドです。このプログラムでは、iter_rows(min_row=2)のようにmin_rowを指定して項目名を入力したヘッダー行（1行目）を除いて取得するようにしています。iter_ rowsメソッドにはmin_row以外に、max_row、min_col、max_colも引数に指定することができます。これらをカンマ(,)で区切って全部指定すれば、特定のセル範囲の値を取得できます。指定しなければ、1行目もしくは1列目を起点に取得します。

rowの各列の値には、row[0].valueのように0から始まる添え字（インデックス）でアクセスすることができます。

イテラブルオブジェクトの実験をしてみましょう。sample.xlsxというExcelブックを作成し、Sheet1の1〜5行、A〜E列に数値を入力しました。

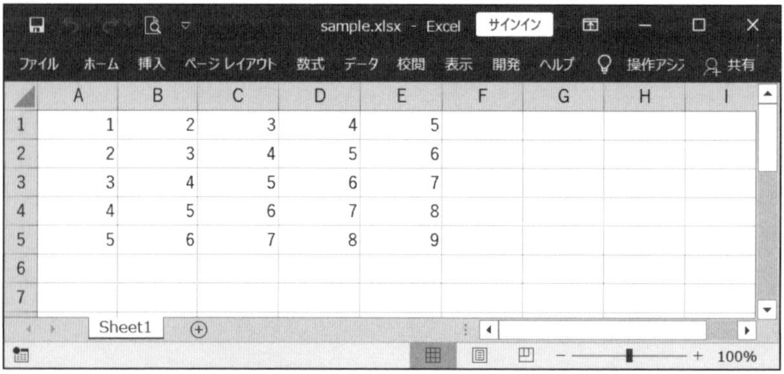

	A	B	C	D	E
1	1	2	3	4	5
2	2	3	4	5	6
3	3	4	5	6	7
4	4	5	6	7	8
5	5	6	7	8	9

図2-18　**sample.xlsxのSheet1**

第1章のサンプルプログラムのように行の終わり、列の終わりは自動的に判定してくれるのですが、この5行、5列のセル範囲にあえてmin、maxを指定して、取得するセル範囲を設定したプログラムを作ると、次のfor_sample1.pyのようになります。

プログラム 2-3　**アクセスするセル範囲を明示した for_sample1.py**

```
1    import openpyxl
2
3    wb = openpyxl.load_workbook(r"..\data\sample.xlsx")
4    sh = wb["Sheet1"]
5
6    for row in sh.iter_rows(min_row=1,max_row=5,min_
                                    col=1,max_col=5):
7    ├──→ print(row[0].value,row[1].value,row[2].
                    value,row[3].value,row[4].value)
```

　このプログラムを実行すると、sample.xlsx の Sheet1 の 5 行 5 列を取得して、print 関数で出力しました。

```
ターミナル   ···        2: Python Debug Consc ∨    ＋  ⬚  🗑  ∧  ✕

91350\pythonFiles\lib\python\debugpy\launcher 55816 -- c:\U
prg\for_sample1.py "

C:\Users\Ez11\Documents\日経BP\excel_python\ExPy2\02\prg> c
y2\02\prg && cmd /C "C:\Python\Python38\python.exe c:\Users
91350\pythonFiles\lib\python\debugpy\launcher 55835 -- c:\U
prg\for_sample1.py "
1 2 3 4 5
2 3 4 5 6
3 4 5 6 7
4 5 6 7 8
5 6 7 8 9
```

図 2-19　**実行すると 5 行 5 列の値を表示**

　ここでプログラムの 6 行目を見てください。

```
min_row=1,max_row=5
```

で、行の範囲として1行目から5行目まで、

```
min_col=1,max_col=5
```

で列の範囲として1列目から5列目までと指定しています。

　これを、2行から4行目まで、3列から4列目までと部分的にアクセスする処理に変えるなら、プログラムの6行目以降で、次のように引数を記述します。

```
for row in sh.iter_rows(min_row=2,max_row=4,min_
                                col=3,max_col=4):
    print(row[0].value,row[1].value)
```

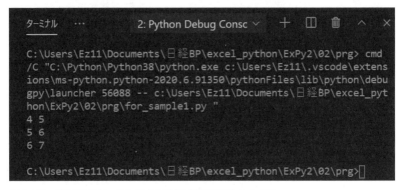

図2-20　変更後のコードで3行2列の値を表示したところ

　このようにセル範囲を限定してアクセスすることができます。

回数を指定して繰り返す

　回数を指定して、繰り返し処理をしたいときは、for文の中でrange関数を使います。

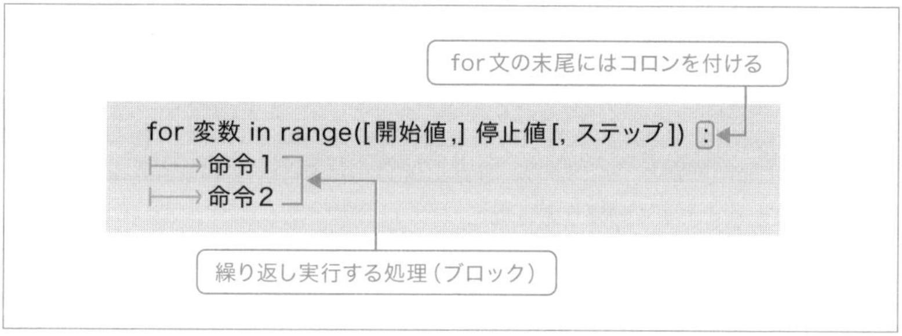

図2-21　**for range文による繰り返し**

　これも、実験用のプログラムで試してみましょう。

プログラム2-4　**for_sample2.py**

```
1  for i in range(5):
2      print("ループ：{}".format(i))
```

　これを実行すると、ループの中でそのつど、何回目のループなのかを表示します。

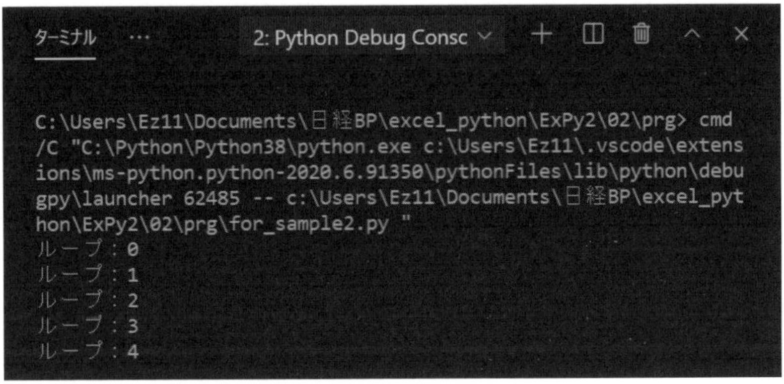

図2-22　**0から4まで5回繰り返された**

　引数のうち開始値、ステップは省略可能なので、このプログラムのように引数が一つだけなら自動的に回数を指定したことになります。range関数の引数では、0を開始値として停止値の一つ前の整数値まで繰り返し処理を行います。今回は停止値に5を指定したので、0、1、2、3、4の順で5回、print関数による出力が繰り返されたわけです。

　このサンプルプログラムは文字列のformatメソッドを使って、変数iの値を{}に展開しています。{}のことを「置換フィールド」と呼び、formatメソッドの引数を埋め込むことができます。

　同じプログラムのrange関数に、第2引数を指定した場合も見ておきましょう。

```
1  for i in range(1,5):
2  ├──→ print("ループ:{}".format(i))
```

これを実行するとターミナルには、以下のように出力されます。

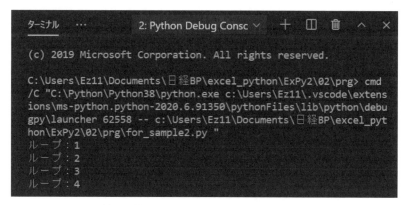

図2-23　**range関数に引数を二つ指定して実行した場合の出力**

　開始値に1を指定すると、開始値から停止値の一つ前の整数まで処理を繰り返します。ですから、この場合は、1、2、3、4とprint関数による出力を4回繰り返して実行します。

　サンプルコードとしては示しませんが、ステップを指定するとカウントアップする数を1以外に変更できます。具体的にはステップに2を指定して偶数のときだけ処理したり7を指定して7の倍数のときだけ処理したりするような繰り返し処理を作成できます。引数を変えたら出力がどう変わるか、ぜひいろいろ試してみてください。

関数

お気付きかもしれませんが、ここまですでにいくつかの関数を使ってきました。print関数やtype関数、それからrange関数ですね。こうした関数は、一般にプログラムを作るときはこういう処理が必要になることが多いだろうという考えから、あらかじめPythonに組み込まれているものです。ですから、組み込み関数と呼ばれます。

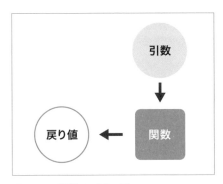

図2-24　**関数のイメージ**

関数は引数を受け取り、戻り値を返します。引数を一つだけ受け取る関数もあれば、複数受け取る関数や、引数を受け取らない関数もあります。戻り値についても、戻り値を返す関数と返さない関数があります。type関数のときは引数に変数を渡し、変数の型が返ってきましたね。type関数は引数を一つ受け取り、戻り値を返してくれたわけです。print関数は引数を受け取りますが、受け取った値を標準出力[3]に出力するだけで戻り値は返しません。

---

[3]　標準出力とは特に何も指定しないときの出力先で通常は画面です。標準出力はいろいろな出力先にリダイレクトすることができます。

print関数は一つでも複数でも引数を受け取ることができます。

具体的に見てみましょう。

```
print("Hello,Python")
```

というのは引数が一つだけのコードですが、あるときは

```
print(row[0].value,row[1].value,row[2].value,row[3].
value,row[4].value)
```

と、5個の引数を受け取ることもできます。また別のときには、

```
print(row[0].value,row[1].value)
```

と二つの引数を受け取っています。実は、これもPythonの特徴なのですが、Pythonでは関数が受け取る引数の数を固定することもできますし、1からn個と可変にすることもできます。

　Pythonにはいろいろな組み込み関数が用意されていますが、組み込み関数は汎用的な目的のものが多いのです。そこで、自分が作成するプログラムの中で、何度でも実行したい処理は関数化します。自分で関数を作ることができるのです。たとえば、レジで料金計算するプログラムを作るとしましょう。おそらく消費税の計算をプログラムの中で何度もしないといけないですよね。それも、10％だけでなく商品によっては軽減税率8％を適用しないといけないケースもあるでしょう。そのような場合は、税率と税抜きの金額を引数にした関数にしておくと、プログラム中で何度も税率を計算する記述をせず、引数を指定して関数を呼び出す記述にするだけで済みます。たとえば消費税計算で言えば、商品によって軽減税率を適用しないといけない場合をはじめ、明細ごとに消費税を計算したいケースや同じ税率で複数商品をまとめて計算するケース、あるいは伝票単位に計算すれば良いケースなどもあり、プログラム中のさまざまな集計処理に消費税の計算が必要になる可能性

があります。そのたびに消費税を計算するコードを書くのは効率が悪いですよね。そこで消費税計算を関数化することにより、計算するコードを書くのは一度だけで済む。でも、その関数はプログラムのあちこちで利用できるというわけです。

このように関数を作ることを、関数を「定義」すると言います。

自分で独自の関数を定義する場合は、defを使った構文で記述します。

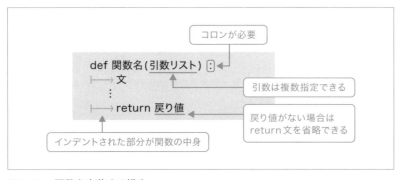

図2-25 **関数を定義する構文**

それに続けて、関数名を決めて、引数を必要な数だけ指定します。引数が必要ないときは引数リストを省略できます。また厳密には、関数定義で指定する引数を「仮引数」と言い、関数を実際に呼び出すときに指定する引数を「実引数」と言い分けます。def文はコロンで終わります。def文に続いてインデントされている行が関数の中身、処理内容になります。最後にreturn文で関数の戻り値を指定します。戻り値を返さない関数の場合、return文は省略できます

ここで実習として練習問題です。変数を引数として渡したら、値と型をprint関数で出力する関数を作ってください。これから解答例となるfunc1.pyを紹介しますが、それを見る前にまずは考えてみてください。

プログラム2-5　変数の値と型を出力する関数を定義したfunc1.py

```
1  def show_variable(x):
2      print("型は{} 値は{}".format(type(x),x))
```

　このプログラムではshow_variableという名前で関数を作りました。show_variable関数は引数を一つ受け付けます。先に説明した通り、def文の終わりにはコロン（:）が必要です。次行以降のインデントが関数ブロック、つまり関数の中身です。と言ってもshow_variable関数の場合は1行しかありません。

　show_variable関数の処理は、受け取った引数の型と値を標準出力に出力することです。文字列のformatメソッドは複数の引数を受け取ることができます。ここではformatメソッドの第1引数はtype(x)、第2引数がxです。このxは、関数自体の引数です。formatメソッドの処理結果は、順に置換フィールドに埋め込まれます。

　このように定義したshow_variable関数は、関数定義よりも以降の行で、

```
3  a = 3 * 3
4  show_variable(a)
5  b = 3 / 2
6  show_variable(b)
```

のように記述することで利用します。実際にこのプログラムを実行してみました。

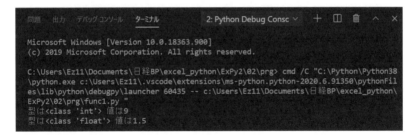

図2-26 **show_variable関数の実行結果**

　このように変数aと変数bを引数としてshow_variable関数に渡して、それぞれに型と値を表示することができました。

オブジェクト指向

　Pythonは比較的新しい言語ですから、オブジェクト指向のプログラミング言語です。

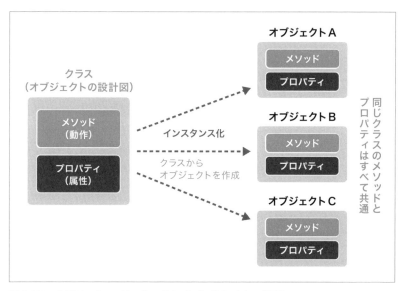

図 2-27　クラス、メソッド、プロパティとオブジェクトの関係

　オブジェクト指向ではモノ（オブジェクト）に注目します。モノには動作と属性があります。動作のことをメソッド、属性のことをプロパティと言います。
　たとえば、

```
wb.create_sheet("印刷用")
```

は、wbというワークブックオブジェクトに対して、このオブジェクトが持つメソッドであり、新規にシートを作成するcreate_sheetメソッドを呼び出しています。

また、

```
sh3.cell(sh3_row + 1, 1).font
```

は、ワークシートのオブジェクトであるsh3にあるセル（これもオブジェクトとして扱われています）のfontプロパティを示します。

オブジェクト指向プログラミング言語の世界では、オブジェクトを作るためのベースとなる設計図があります。こうしたメソッドやプロパティは、こうした設計図に基づいて定義されています。この設計図のことをクラスと呼びます。クラスを定義するときに、そのクラスで使えるメソッドとプロパティも定義されます。

このクラスから、プログラムで扱うオブジェクトを作成することをインスタンス化（実体化、具体化）と言います。

実はExcelもオブジェクト指向です。

図2-28　ワークブックとワークシートの関係

120

Excelのファイルはワークブックオブジェクトです。ワークブックに複数作成できるワークシートもオブジェクトです。実際にVBAでは、ワークブック、ワークシートにはメソッドとプロパティがあります。sample.xlsxを開いて、開発メニューからSheet1のプロパティを表示してみるとわかります。

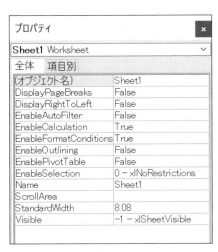

図2-29　**VBAを使ってsample.xlsxの Sheet1のプロパティを確認した ところ**

ワークシートを構成するオブジェクトには、以下のようなものがあります。

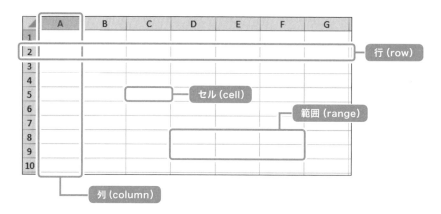

図2-30　**ワークシートを構成するオブジェクト**

　ワークシートは行と列で構成され、最小の範囲が一つのセル (cell) です。連続するセルのかたまりを range (範囲) として扱うことができます。行 (row)、列 (col)、セルはそれぞれオブジェクトです。それぞれメソッドとプロパティを持っています。

エラーについて考える

麻美　ねえ、センガク室長、前に営業向けに作ってあげた「売上伝票を一覧表にして、CSV出力するプログラム」について、いろんな苦情が来てるんだけど。途中でエラーが出るとか

センガク　麻美ちゃん、室長はやめてくれよ。二人しかいないんだから。どうせ営業2課だろ。きっと変な入力してるんだよ

麻美　とかいいながら、何ニヤけてんのよ。センガク、あんたそんなんだから、モテないのよ。ちゃんと対応しようよ。クレームを一覧にしてメールで送るわね

センガク　なになに、「単価に文字列が入っていたら大変なことになる」。それから、「何も入力されていないセルがあるとTypeErrorと表示される」。まあ、そりゃそうだろうな

　本シリーズの第1作目『Excel X Python最速仕事術』では、Excelで作成されている売上伝票を、いろいろな集計に利用できるよう一覧表にしてCSV出力するプログラムを作成するところから、本格的なプログラミングを始めました。そのときに作成したプログラムsales_slip2csv.pyを使っているときに、いろいろエラーが発生するという声が寄せられたようです。ここからは、プログラミングにつきまとうエラーについて考えてみましょう。

　プログラムを作ったら、ちゃんと動くかテストするのは当たり前のことです。プログラムを作っている時間より、テストに掛ける時間の方が長かったりすることもあるほどです。でも、自分の作ったプログラムを、テスト用に自分で作ったデータを使ってテストすると、思っているほどプログラムの不備をうまく洗い出せないものです。それは、自分でテストしている限り、想定外なテストデータは作りにくいからです。

CSVファイル

CSVとはComma Separated Valueの略で、Comma（カンマ）で Separated（区切った）Value（値）という意味です。CSVファイルの拡張子はcsvですが、テキストファイルなので、メモ帳などのテキストエディタやVSCodeで開くことができます。もちろんExcelでも開くことができます。

ただし、CSVファイルには表の体裁を整えるような書式設定や、グラフや関数の機能はありません。その代わり、CSVファイルのデータを扱えるソフトやシステムは幅広く、CSVファイルを介することでExcel以外の各種データベース、またはそれらを利用する業務用ソフトウェアとデータをやり取りすることができます。

では、ここでエラーが出ると指摘を受けたプログラムを見てみましょう。

プログラム2-6　sales_slip2csv.py

```
1    import pathlib   # 標準ライブラリ
2    import openpyxl # 外部ライブラリ  pip install openpyxl
3    import csv   # 標準ライブラリ
4
5
6    lwb = openpyxl.Workbook()     #売上一覧表ワークブック
7    lsh = lwb.active              #売上一覧表ワークシート
8    list_row = 1
9    path = pathlib.Path("..\data\sales")    #相対パス指定
10   for pass_obj in path.iterdir():    ……①
11       if pass_obj.match("*.xlsx"):
```

```
12  ├──→├──→ wb = openpyxl.load_workbook(pass_obj)
13  ├──→├──→ for sh in wb:
14  ├──→├──→├──→ for dt_row in range(9,19):
15  ├──→├──→├──→├──→ if sh.cell(dt_row, 2).value !=
                                         None:    ……②
16  ├──→├──→├──→├──→├──→ lsh.cell(list_row, 1).value =
                             sh.cell(2, 7).value   #伝票NO
17  ├──→├──→├──→├──→├──→ lsh.cell(list_row, 2).value =
                             sh.cell(3, 7).value   #日付
18  ├──→├──→├──→├──→├──→ lsh.cell(list_row, 3).value =
                             sh.cell(4, 3).value   #得意先
                                                   コード
19  ├──→├──→├──→├──→├──→ lsh.cell(list_row, 4).value =
                             sh.cell(7, 8).value   #担当者
                                                   コード
20  ├──→├──→├──→├──→├──→ lsh.cell(list_row, 5).value =
                             sh.cell(dt_row, 1).value #No
21  ├──→├──→├──→├──→├──→ lsh.cell(list_row, 6).value =
                             sh.cell(dt_row, 2).value #商
                                                   品コード
22  ├──→├──→├──→├──→├──→ lsh.cell(list_row, 7).value =
                             sh.cell(dt_row, 3).value #商
                                                   品名
23  ├──→├──→├──→├──→├──→ lsh.cell(list_row, 8).value =
                             sh.cell(dt_row, 4).value #数
                                                   量
24  ├──→├──→├──→├──→├──→ lsh.cell(list_row, 9).value =
                             sh.cell(dt_row, 5).value #単
                                                   価
```

```
25  ├──→├──→├──→├──→├──→  lsh.cell(list_row, 10).value
                          = sh.cell(dt_row, 4).value * \
26  ├──→├──→├──→├──→├──→  sh.cell(dt_row, 5).value #金額
                                              ……③
27  ├──→├──→├──→├──→├──→  lsh.cell(list_row, 11).value
                          = sh.cell(dt_row, 7).value #
                                                備考
28  ├──→├──→├──→├──→├──→  list_row += 1
29
30  with open("..\data\sales\salesList. !
        csv","w",encoding="utf_8_sig") as fp:    ……④
31  ├──→ writer = csv.writer(fp, lineterminator="\n")
32  ├──→ for row in lsh.rows:
33  ├──→├──→ writer.writerow([col.value for col in row])
```

　まず、このプログラムの概略について説明しておきましょう*4。まず、①か
らは..\data\salesにある売上伝票のxlsxファイルを探す部分です。このフォ
ルダには、複数のxlsxファイルがあるという前提でプログラムを作っていま
す。このフォルダでxlsxファイルが見つかったらfor sh in wbとして、その
ファイル（ワークブック）からワークシートを取り出します。これは、次の図
のようなデータになっています。

＊4　プログラムについての詳細な説明は『Excel×Python最速仕事術』をご覧ください。

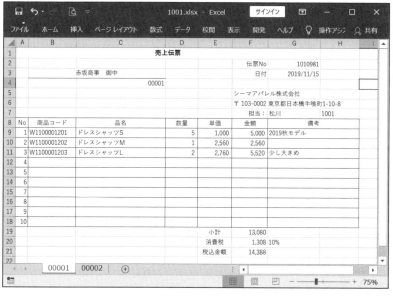

図2-31　正しく入力されている売上伝票

　このような売上伝票が、伝票1枚につき1枚のワークシートに入力されています。ブックによっては、複数のワークシートがあります。

　②以降が個々の売上伝票を一覧表形式のシート(lsh)に転記していく処理です。range(9,19)は明細行の範囲を指すので、15行目の

```
15  ├──→├──→├──→├──→ if sh.cell(dt_row, 2).value !=
                                              None
```

は商品コードが入力されているかどうかの判断です。商品コードがなければ、その行は読み込まなくていいという判断をします。もし商品コードが入力されていれば、16行目からの処理で、各行のデータを一覧表シートへ転記します。④以降がCSVファイルへの出力処理です。

　寄せられたエラーの報告に、「単価に文字列が入っていたら大変なことになる」というのがありました。そこで③の

127

```
sh.cell(dt_row, 4).value * sh.cell(dt_row, 5).value*5
```

という「数量×単価」の計算処理に注目しました。

　この計算をするとき、売上伝票データの入力に不備があり、単価の値に整数ではなく「高い」という文字列が入っていたらどうなるでしょうか。

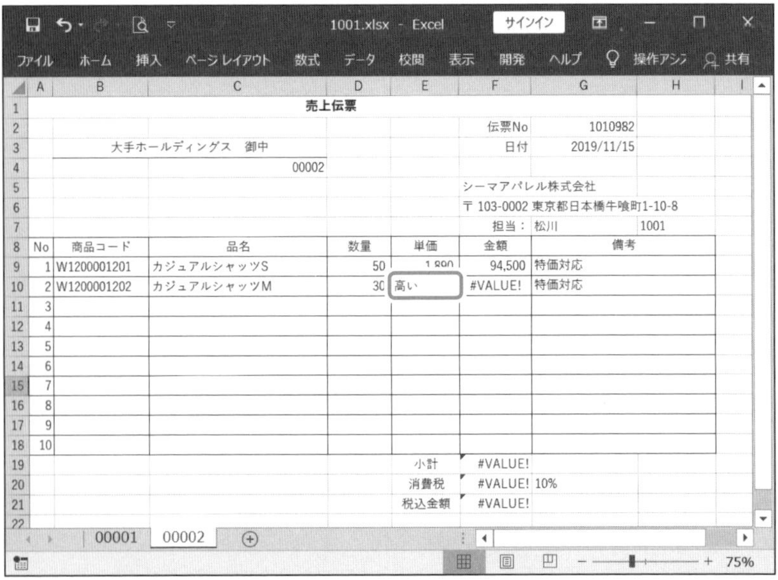

図 2-32　単価欄に文字列が入ってしまっている売上伝票

　すると、この売上伝票のデータを読み込んだ一覧表の該当セルには金額欄に「高い」がずっと繰り返されています。

＊5　もとのプログラムは行が分かれていましたが、25行目の行末にある\ は、「見かけ上改行して行を分けた場合でも、プログラムとしては同じ行が続いている」ことを示す記号です。このため、プログラムとしてはこのようにひと続きの処理を記述したことになります。

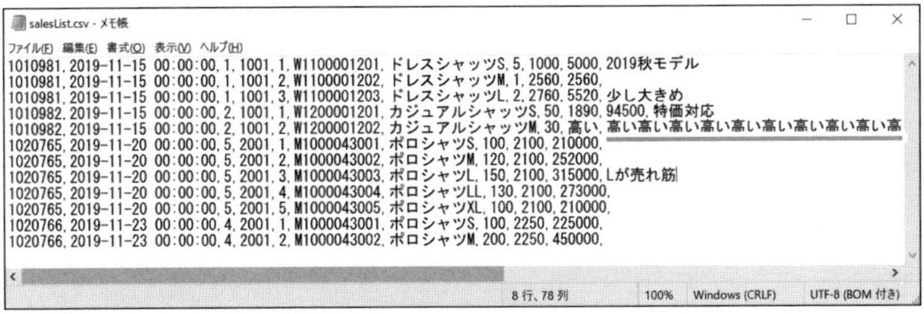

```
1010981, 2019-11-15 00:00:00, 1, 1001, 1, W1100001201, ドレスシャッツS, 5, 1000, 5000, 2019秋モデル
1010981, 2019-11-15 00:00:00, 1, 1001, 2, W1100001202, ドレスシャッツM, 1, 2560, 2560,
1010981, 2019-11-15 00:00:00, 1, 1001, 3, W1100001203, ドレスシャッツL, 2, 2760, 5520, 少し大きめ
1010982, 2019-11-15 00:00:00, 2, 1001, 1, W1200001201, カジュアルシャッツS, 50, 1890, 94500, 特価対応
1010982, 2019-11-15 00:00:00, 2, 1001, 2, W1200001202, カジュアルシャッツM, 30, 高い, 高い高い高い高い高い高い高い高い高い高
1020765, 2019-11-20 00:00:00, 5, 2001, 1, M1000043001, ポロシャツS, 100, 2100, 210000,
1020765, 2019-11-20 00:00:00, 5, 2001, 2, M1000043002, ポロシャツM, 120, 2100, 252000,
1020765, 2019-11-20 00:00:00, 5, 2001, 3, M1000043003, ポロシャツL, 150, 2100, 315000, Lが売れ筋
1020765, 2019-11-20 00:00:00, 5, 2001, 4, M1000043004, ポロシャツLL, 130, 2100, 273000,
1020765, 2019-11-20 00:00:00, 5, 2001, 5, M1000043005, ポロシャツXL, 100, 2100, 210000,
1020766, 2019-11-23 00:00:00, 4, 2001, 1, M1000043001, ポロシャツS, 100, 2250, 225000,
1020766, 2019-11-23 00:00:00, 4, 2001, 2, M1000043002, ポロシャツM, 200, 2250, 450000,
```


図2-33　**作成されたCSVファイルをメモ帳で開いたところ**

これがPythonの文字列の掛け算という機能です。

```
30 * "高い"
```

という記述は、文字列「高い」を30回連結します。プログラムの動作がおかしいという指摘を受けましたが、もとはと言えば、売上伝票の入力にミスがあったということになります。

もう一つ、TypeErrorが発生するという指摘もありました。Typeはtype関数で見た通り、データ型のことです。つまり、扱う値のデータ型に何らかの問題があるということです。多くの場合、しかるべきところにしかるべき種類の値が入力されていないのが原因です。どうやら、次の図のような売上伝票が紛れ込んでいたようです。

図 2-34　数量が入っているべきところに何も入力されていない

このように、数量が入っているべきところに何も入力されていないと
TypeErrorの例外が発生してしまい、処理が中断してしまいます。

図 2-35　入力に不備があったため、25行目の処理を実行中にTypeErrorが発生した

これらの予期せぬ結果にはどう対処したら良いでしょうか。やり方はいろ
いろ考えられますが、手っ取り早く対処するには、計算項目が数値であるこ
とを確認してから計算するのが良さそうです。

　たとえば、int型とfloat型の数値のみの入力を可とする場合は、次のような関数を作成します。

```
def chk_numeric(val):
    if type(val) == int or type(val) == float:
        return True
    else:
        return False
```

　chk_numeric関数は、引数のデータ型がintかfloatのときTrueを返し、そうでないときはFalseを返します。

　そしてプログラムでは計算の処理をする前に、chk_numeric関数に数値と単価を渡して、それぞれのデータ型をチェックします。その結果がTrueのときだけ計算するようにすれば、プログラムは停止しなくなります。もとのプログラムの③（25〜26行目）の記述を以下のようにすると、これを実現できます。

```
if chk_numeric(sh.cell(dt_row, 4).value) and \
    chk_numeric(sh.cell(dt_row, 5).value):
    lsh.cell(list_row, 10).value = sh.cell(dt_row,
                                           4).value * \
        sh.cell(dt_row, 5).value #金額
```

merge_print2.py

差し込み印刷プログラム徹底解説

Pythonプログラミングの基礎をひと通り学んだところで、第1章のサンプルプログラムをあらためて見てみましょう。実はプログラミングとしてはそれほどむずかしいことをしているわけでなく、ここまでで学んだ基礎的なコードを組み合わせているところがほとんどということがわかっていただけるのではないかと思います。

とは言え、まとまった行数のコードを見慣れていない人もいるかもしれません。そのときは、第5章までの実践編を読んだあとでもう一度チャレンジしてみてください。プログラミングに慣れれば、それほどむずかしくは感じないはずです。

まずは、コードを見直す前に、どういう処理をしたいのかを整理しておきましょう。このプログラムでは、得意先の担当者に発送する50周年祝賀会への招待状を作成したいと思います。送付先のリストは「50周年祝賀会の案内先.xlsx」のワークシート「宛先」にデータベースを作成しています。

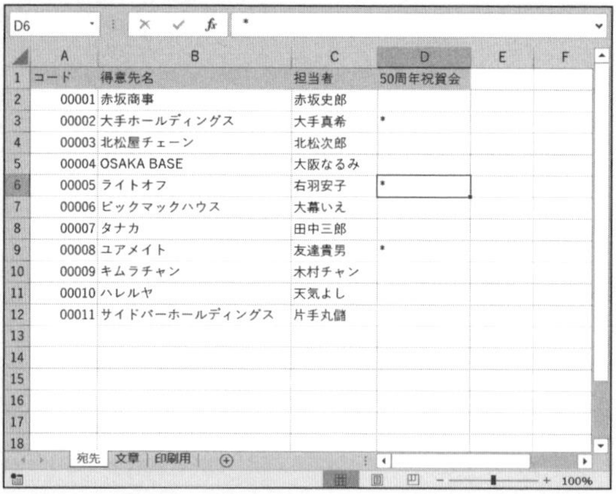

	A	B	C	D
1	コード	得意先名	担当者	50周年祝賀会
2	00001	赤坂商事	赤坂史郎	
3	00002	大手ホールディングス	大手真希	*
4	00003	北松屋チェーン	北松次郎	
5	00004	OSAKA BASE	大阪なるみ	
6	00005	ライトオフ	右羽安子	*
7	00006	ビックマックハウス	大幕いえ	
8	00007	タナカ	田中三郎	
9	00008	ユアメイト	友達貴男	*
10	00009	キムラチャン	木村チャン	
11	00010	ハレルヤ	天気よし	
12	00011	サイドバーホールディングス	片手丸儲	

図A-1　招待状の送付先リスト

このデータベースには、今回の祝賀会に招待する得意先をリストアップする欄があります。具体的には、各行のD列に * （アスタリスク）が入力されている人にのみ招待状を送るようにします。

招待状の文面は、同じファイル（ブック）のワークシート「文章」のA列に入力しています。

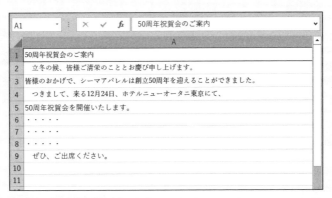

図A-2　招待状の文面

以上のデータをもとに、招待客ごとの招待状データをワークシート「印刷用」に作ります。印刷すればそのまま招待状になるよう、1件ずつ改ページするように作成します。

これを自動的に処理してくれるのが、第1章で紹介したmerge_print2.pyです。処理によっては、すでに第2章で解説したところもあります。ここでは、まだくわしく解説していない部分について見ていくことにします。まずは、プログラム全体に目を通しておきましょう。

プログラム A-1　merge_print2.py

```
1   import openpyxl
2   from openpyxl.styles import Font
3   from openpyxl.worksheet.pagebreak import Break
4
5   CHECK_ROW = 3    #定数扱い
6   wb = openpyxl.load_workbook(r"..\data\50周年祝賀会の案
                                            内先.xlsx")
7   sh1 = wb["宛先"]
8   sh2 = wb["文章"]
9   del wb["印刷用"]    #Pythonのdel文
10  sh3 = wb.create_sheet("印刷用")
11
12  #フォント作成
13  font_header = Font(name="游ゴシック
                            ",size=18,bold=True)
14
15  i = 1
16  for row in sh1.iter_rows(min_row=2):
17  ├──→ if row[CHECK_ROW].value == "*":
18  ├──→├──→ sh3_row = (i - 1) * 20
19  ├──→├──→ sh3.cell(sh3_row + 4, 1).value= "      " +
               row[1].value + "  " + row[2].value + "様"
20  ├──→├──→ sh3.cell(sh3_row + 1, 1).value =
                            sh2["A1"].value
21  ├──→├──→ sh3.cell(sh3_row + 1, 1).font = font_
                                        header
22  ├──→├──→ sh3.merge_cells(start_row=sh3_row +
```

```
                            1,start_column= 1,end_row=sh3_row +
                                           1,end_column=9)
23 ├──→├──→ sh3.cell(sh3_row + 1,
                         1).alignment = openpyxl.styles.
                         Alignment(horizontal="center")
24 ├──→├──→ j = 7
25 ├──→├──→ for sh2_row in sh2.iter_rows(min_row=2):
26 ├──→├──→├──→ sh3.cell(sh3_row + j, 2).value =
                                   sh2_row[0].value
27 ├──→├──→├──→ j += 1
28
29 ├──→├──→ page_break = Break(sh3_row + 20)   #ページ
                                   ブレイクオブジェクトの作成
30 ├──→├──→ sh3.row_breaks.append(page_break)
31 ├──→├──→ i += 1
32
33 wb.save(r"..\data\50周年祝賀会の案内先.xlsx")
```

　1〜3行目は、第2章で取り上げた外部ライブラリのインポートです。import、from、asの使い方はこのコードで解説していますので、そちらを参考にしてください。

ファイルの読み書きに使うraw文字列

　続く5行目から、データを読み込む処理が始まります。まず5行目のload_workbookメソッドで、Excelブック（ファイル）をファイル名で指定して読み込みます。ここでは「50周年祝賀会の案内先.xlsx」という名前のExcelブックを読み込むのですが、ファイル名の前に見慣れない文字が並んでいますね。まず、rから説明しましょう。

　rは「raw文字列」のrです。文字列である

```
"..\data\50周年祝賀会の案内先.xlsx"
```

の前にrを付けていますね。Pythonでは文字列の前にrを付けると、エスケープシーケンスを展開せずに、そのままの値を文字列として扱ってくれます。この文字列をraw文字列と言います。rawとは「生の」という意味です。

　エスケープシーケンスとは、タブやフォーム、改行などといった特別な意味を持つ記述のことです。タブを文字列中に埋め込む場合は\t、フォームは\f、改行は\nなどと記述します。

　ところがWindowsではディレクトリを指定するとき、区切りを示すために\（¥）を使います。このため、もしtで始まるディレクトリ名やファイル名をそのまま記述してしまうと、文字列の中に\tという記述が現れることになります。するとPythonは「ここにタブを入れるのだな」と解釈してしまい、想定したファイル名やディレクトリ名ではなくなってしまいます。

　そこで文字列の中に、エスケープシーケンスと偶然一致してしまう文字の組み合わせが出現してしまっても、エスケープシーケンスとは見なさず、その特別な意味を無視したいときにraw文字列として指定します。プログラムの4行目で言うと、ディレクトリの区切りを示す\の次の文字が「50」と数字なため、これが丸括弧（( )）を示すエスケープシーケンスと受け取られてしまいます。このため、rを付けてraw文字列であることを明らかにしておかないとエラーが発生してしまいます。

　文字列中にエスケープシーケンスがないときにrは不要なのですが、それをいちいち調べてコーディングするのは面倒だし、見落とす危険もあります。Excelファイルにアクセスするとき、ひいてはWindowsのパスを記述するときはrを付けるものと習慣づけてしまうのがお薦めです。

　merge_print2.pyに戻りましょう。5行目では、読み込んだExcelブックを変数wbに代入し、6〜7行目でブック内のワークシート「宛先」および「文章」を、それぞれ変数sh1およびsh2に代入します。これにより、ブックと各ワークシートをそれぞれに割り当てた変数名のオブジェクトとして取り扱えるようになります。

12行目で文章のタイトル部分の書式を決め、それを変数font_headerとして取り扱えるようにしました。プログラミングの世界ではこれを「font_header変数にFontオブジェクトを生成する」といった言い方をすることがあります。この設定は、「50周年祝賀会のご案内」というタイトルを大きな文字にしたいので作った設定です。この書式は、あとで出てくる処理で使います。言ってみれば、ここまでが処理全体の中で準備段階に当たります。

宛先ごとに文章の作成を繰り返し

　14行目からメインの処理が始まります。
　まず、14行目の

```
i = 1
```

のiは、その時点で何件目の得意先を操作しているかを表します。それを踏まえて、1件ごとの処理を行います。
　15行目のforで繰り返し処理を作ります。第2章で繰り返し処理を解説する際、このコードを題材に説明しています。ここでは、第2章では触れなかったところを説明しましょう。
　16行目でiter_rowsメソッドを使うことにより、sh1つまり「宛先」ワークシートを1行ずつ処理していきます。ここで引数にmin_row=2と開始行を指定しているのは、1行目が項目名になっているためです。こうすることによりヘッダー行を飛ばしています。

繰り返し処理の最初に条件分岐

　17行目のif文が、ExcelとWordの差し込み印刷ではできない、Pythonプログラムならではの処理です。Pythonを使って業務を自在に自動化できる最も象徴的な部分と言えます。ここでは、

```
if row[CHECK_ROW].value == "*":
```

と記述しました。変数CHECK_ROWは5行目で3を代入しています。5行目ではコードの右側に「# 定数扱い」と記述しています。これをコメントと言います。Pythonのコメントは#から書き始めます。コメントとはプログラムとして解釈されない文字列のことです。プログラムを見た人が理解しやすいように説明をコメントとして書きます。

　さて、5行目では「定数扱い」とコメントを書きました。プログラムではCHECK_ROWのようにデータに名前を付けて変数として扱うわけですが、定数はプログラムの開始から終了時まで値の変わらない変数のことです。実はPythonには文法上の定数宣言はないため、CHECK_ROW自体はプログラムの中では変数として取り扱われます。ほかの言語では、Constとかfinalという定数宣言が文法として存在するケースもありますが、Pythonではすべて変数です。このため、仕様としては途中で変更できるわけです。でも、プログラムを作る側からすると、これが書き換わってしまっては困るので、定数として扱いたい……。

　そこで便宜上、CHECK_ROWのように大文字で宣言した変数を定数と見なすようにしたいと思います[*1]。つまり、CHECK_ROWのように大文字で宣言してある変数の値は、プログラム中で変更しないようにするのです。

　このCHECK_ROWを使って

```
row[CHECK_ROW]
```

と記述すると、その行の0から数えて3まで、つまり4番目の列、すなわちD列を指します。17行目のif文は、各行のD列に＊が入力されていたら、次の行以降の処理を実行するように判断します。

[*1]　明確なルールがあるわけではありませんが、実際に大文字を定数と扱うように記述するのが一般的です。

if文より先の行は、第1章で最初に紹介したmerge_print.pyと同じです。ただし、このif文が17行目に入ったことにより、merge_print2.pyでは18行目から31行目のpage_breakまでの全行でインデントを1段階深くする必要がありました。

　こうしたif文による条件分岐はプログラミングの定石です。これにより、プログラムが案内状を作るかどうかを自動的に判断できるというわけです。

得意先と担当者名を連結して転記

　17行目のif文の条件がTrueだった場合、つまり送付先を作る得意先を示す*が入力されていた場合は、18行目に進みます。その18行目では、i - 1に20を掛けて、変数sh3_rowに入れています。sh3_rowは印刷用シートの書き込み行を表す変数として、10行目で作成したものです。

　19行目の

```
row[1].value + " " + row[2].value
```

は、「宛先」シートの各行で、2列目の「得意先」と3列目の「担当者名」を読み込み、スペースでつなげて一つの文字列にするという処理を示しています。ここでは、このように取得したrow（行）の列を数字で指定することに注目してください。注意が必要なのは、rowの列は0から始まる点です。

　このメソッドの値を代入する先が、左辺です。cell（セル）メソッドを使い、

```
sh3.cell(sh3_row + 4, 1)
```

と記述しました。得意先＋担当者の文字列をどの位置のセルに入力するかを、行については式（sh_row + 4）で、列については数値（1）で指定しています。最初に処理するとき、つまりiが1のとき、sh3_rowの値は0なので、「印刷用」シートの4行目の1列目（セルA4）に得意先名と担当者名をまとめた文字列を入力します。

次に20行目では、

```
sh3.cell(sh3_row + 1, 1)
```

つまり、sh3である「印刷用」シートの1行目、1列目に、

```
sh2["A1"].value
```

を代入することで、sh2である「文章」シートのセルA1の「50周年祝賀会の
ご案内」を入力します。次の行で、

```
sh3.cell(sh3_row + 1, 1).font = font_header
```

としています。このfont_headerは13行目で生成したオブジェクトでした
ね。これを対象となるセルオブジェクトのフォントプロパティに適用するの
が、このコードです。これで、どの宛先向けの挨拶文でも、「50周年祝賀会の
ご案内」の文字サイズを大きく設定できます。
　22行目で記述したmerge_cellsメソッドは、セル結合を実行します。
start_rowとend_rowはともにsh3_row + 1なので、1行目のstart_
column= 1、end_column=9で9列までをセル結合します。それを記述し
たコードが

```
sh3.merge_cells(start_row=sh3_row + 1,start_column=
                1,end_row=sh3_row + 1,end_column=9)
```

です。さらに、この結合したセルに書式を追加します。23行目で＝の左側を

```
sh3.cell(sh3_row + 1, 1).alignment
```

とすることで、22行目で結合したセルのalignment（表示位置）プロパティ

を書き換えます。その内容は、右辺の

```
openpyxl.styles.Alignment(horizontal="center")
```

です。これにより「50周年祝賀会のご案内」という文字列は水平方向にセンタリングされます。

　まとめると20～23行目までの4行で、①「印刷用」シートのセルA1に「50周年祝賀会のご案内」という文字列を入力、②セルA1に対してフォントの書式を設定、③セルA1～I1を結合、④結合したセルの横方向の表示位置を変更、という操作が自動化できたわけです。

本文の転記を繰り返すforループ

　続く24行目で、j = 7と記述することで、挨拶状の本文の編集に移ります。jを7にする理由は、挨拶状で本文が始まるのが7行目だからです。

　本文の処理でもforとsh2.iter_rowsで「文章」シートから、本文を繰り返し取得し「印刷用」シートの所定のセルに転記しています。「文章」シートから本文データを読み出すのが25行目の

```
for sh2_row in sh2.iter_rows(min_row=2):
```

です。これは、データを取り出す対象のワークシートオブジェクトが変わっただけで、得意先と担当者名を取り出す処理する16行目の

```
for row in sh1.iter_rows(min_row=2):
```

とコードの構文は同じですね。読み出す元がsh1（宛先）なのか、sh2（文章）なのかの違いがあり、それにより生成するオブジェクトの名前を変えているだけです。

26行目では転記先の行を指定する

```
sh3.cell(sh3_row + j, 2).value
```

という記述で、24行目で7を代入したjを使っています。1行分転記したところでjに1を加算して（27行目）、25行目に戻り次の本文をもう一つ下の行に転記するわけです。このように繰り返し処理はプログラムの基本です。

改ページ処理して最後に保存

　1件分の本文を転記したら、そこで改ページを挿入しましょう。変数page_breakにページブレイクオブジェクトを作成します（29行目）。このプログラムでは、ワークシートの20行分で改ページするようにコーディングしました。続く30行目で、sh3.row_breaks.append()により改ページをシートに追加します。

　iの値に1を足すと（31行目）、次に計算した時のsh3_rowの値は（2 - 1）* 20で、20になるわけですね。このようにして、得意先ごとの案内を作成していきます。

　すべての得意先をforで処理し終わったら、最後に

```
wb.save(r"..\data\50周年祝賀会の案内先.xlsx")
```

と、saveメソッドでワークブックオブジェクト（wb）を、ファイル名を指定してExcelブックとして保存します（33行目）。ここでは、読み込み元と同じファイル名を指定しているため、上書き保存になります。通常のファイル操作と違って、上書きの確認などは表示されず、強制的に書き換えられます。引数のファイル名を変更すれば、別名で保存することができます。

データを抽出する
処理を作る

データを抽出、並べ替え、
集計するプログラム①

大慌てで廊下から駆け込んできた人がいます。何があったのでしょう。

クレーム、クレーム！ クレームだよ！

> 刈田　たいへんだ、センガク！ 出荷した製品に欠陥が見つかったんだ。助けて
> くれ

　品質管理室の刈田室長が、センガクの合理化推進室に飛び込んできました。なにか室長だらけで安易なストーリー展開のような気がしますが、センガクの勤めるシーマアパレルでは、従来の縦割りの組織の弊害を解消するために小さな組織を作って、他部署のメンバーとも広く情報を共有し、問題点を見つけて行こうとする取り組みが始まっています。品質管理室もその一つです。

> センガク　えー！刈田さん、どんな欠陥ですか？
> 刈田　寒いところだと、ファスナーのつまみの金属部分がポキポキ折れるんだ
> よ（汗）
> センガク　そりゃ、マズイっすね。きっとファスナーのメーカーは○KKじゃないんで
> しょ
> 刈田　うんそう、○KKじゃないんだよね。ってそんなことより、急いで回収しな
> くちゃならないんだ。だからまず、この製品の出荷先別の出荷数を知り
> たいんだけど（汗）
> センガク　わかりました。Web販売管理から出荷データをダウンロードして、集計
> しますよ
> 刈田　今日中にやってくれるかな？ センガク
> センガク　刈田さん、今からどんなプログラムにするか考えて作るんですよ。いつで
> きるかなんて、まだわからないですよ
> 刈田　困ったなあ。センガク、会社の信用にかかわるんだよ（汗）
> センガク　急いでやります。進捗状況はこまめに連絡しますよ
> 刈田　わ、わかった。よろしく頼むよ

麻美　（へぇー、見直した。センガク、いつの間にか室長らしくなってるわね）

　センガクは、唯一の部下である麻美ちゃんにWeb販売管理から出荷データをCSV形式でダウンロードするように指示して、Pythonのプログラムの仕様を検討し始めました。

　ここからは、読者のみなさんもセンガクと一緒にどんなプログラムにしたらいいか考えてみましょう。このプログラムは3つのパートに分けられるはずです。

1. 出荷データから、欠陥があった商品のデータを抽出する処理
2. 抽出したデータを出荷先別に並び替える処理
3. 出荷先別に数量を集計する処理

　プログラムを作るときに、対象とするデータが決まっているケースでは、まずすべきことは、データをよく眺めて、データの規則性や例外的なデータの発生がないかを調べることです。

　読者のみなさんもセンガクの目線になって出荷データを眺めてみましょう。

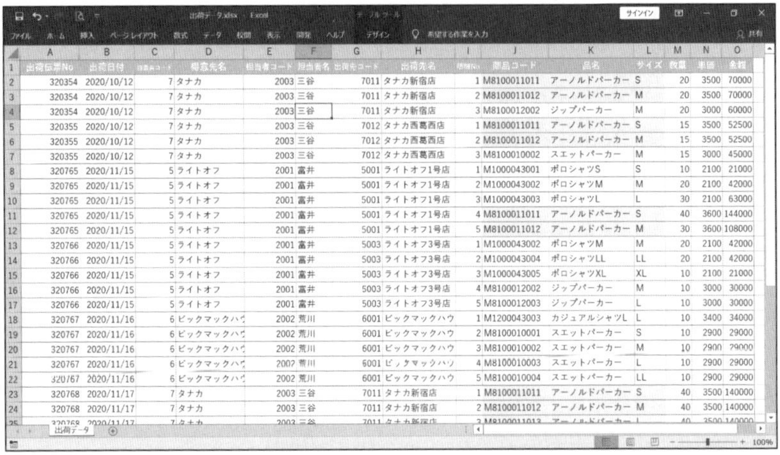

出荷伝票No	出荷日付	得意先コード	得意先名	担当者コード	担当者名	出荷先コード	出荷先名	明細No	商品コード	品名	サイズ	数量	単価	金額
320354	2020/10/12	7	タナカ	2003	三谷	7011	タナカ新宿店	1	M8100011011	アーノルドパーカー	S	20	3500	70000
320354	2020/10/12	7	タナカ	2003	三谷	7011	タナカ新宿店	2	M8100011012	アーノルドパーカー	M	20	3500	70000
320354	2020/10/12	7	タナカ	2003	三谷	7011	タナカ新宿店	3	M8100012002	ジップパーカー	M	20	3000	60000
320355	2020/10/12	7	タナカ	2003	三谷	7012	タナカ西葛西店	1	M8100011011	アーノルドパーカー	S	15	3500	52500
320355	2020/10/12	7	タナカ	2003	三谷	7012	タナカ西葛西店	2	M8100011012	アーノルドパーカー	M	15	3500	52500
320355	2020/10/12	7	タナカ	2003	三谷	7012	タナカ西葛西店	3	M8100010002	スエットパーカー	M	15	3000	45000
320765	2020/11/15	5	ライトオフ	2001	富井	5001	ライトオフ1号店	1	M1000043001	ポロシャツS	S	10	2100	21000
320765	2020/11/15	5	ライトオフ	2001	富井	5001	ライトオフ1号店	2	M1000043002	ポロシャツM	M	20	2100	42000
320765	2020/11/15	5	ライトオフ	2001	富井	5001	ライトオフ1号店	3	M1000043003	ポロシャツL	L	30	2100	63000
320765	2020/11/15	5	ライトオフ	2001	富井	5001	ライトオフ1号店	4	M8100011011	アーノルドパーカー	S	40	3600	144000
320765	2020/11/15	5	ライトオフ	2001	富井	5001	ライトオフ1号店	5	M8100011012	アーノルドパーカー	M	30	3600	108000
320766	2020/11/15	5	ライトオフ	2001	富井	5003	ライトオフ3号店	1	M1000043002	ポロシャツM	M	20	2100	42000
320766	2020/11/15	5	ライトオフ	2001	富井	5003	ライトオフ3号店	2	M1000043004	ポロシャツLL	LL	20	2100	42000
320766	2020/11/15	5	ライトオフ	2001	富井	5003	ライトオフ3号店	3	M1000043005	ポロシャツXL	XL	10	2100	21000
320766	2020/11/15	5	ライトオフ	2001	富井	5003	ライトオフ3号店	4	M8100012002	ジップパーカー	M	10	3000	30000
320766	2020/11/15	5	ライトオフ	2001	富井	5003	ライトオフ3号店	5	M8100012003	ジップパーカー	L	10	3000	30000
320767	2020/11/16	6	ビックマックハウ	2002	荒川	6001	ビックマックハウ	1	M1200043003	カジュアルシャツL	L	10	3400	34000
320767	2020/11/16	6	ビックマックハウ	2002	荒川	6001	ビックマックハウ	2	M8100010001	スエットパーカー	S	10	2900	29000
320767	2020/11/16	6	ビックマックハウ	2002	荒川	6001	ビックマックハウ	3	M8100010002	スエットパーカー	M	10	2900	29000
320767	2020/11/16	6	ビックマックハウ	2002	荒川	6001	ビックマックハウ	4	M8100010003	スエットパーカー	L	10	2900	29000
320767	2020/11/16	6	ビックマックハウ	2002	荒川	6001	ビックマックハウ	5	M8100010004	スエットパーカー	LL	10	2900	29000
320768	2020/11/17	7	タナカ	2003	三谷	7011	タナカ新宿店	1	M8100011011	アーノルドパーカー	S	40	3500	140000
320768	2020/11/17	7	タナカ	2003	三谷	7011	タナカ新宿店	2	M8100011012	アーノルドパーカー	M	40	3500	140000

図3-1　**もとになる出荷データのワークシート。わかりやすくするために抽出したい商品には背景色を付けてある**

欠陥のあるファスナーを使っている商品は、アーノルドパーカーです。商品としては一つだけなのですが、このお話の舞台であるシーマアパレルでは、11桁の商品コードのうち、最後の桁はサイズを表します。アーノルドパーカーのSサイズはM8100011011、MサイズはM8100011012、LサイズはM8100011013……のように10桁目までは同じコードで11桁目がサイズによって変化します。商品は一つとも言えますが、データ上、商品コードはサイズ別にn個[*1]あると考えるべきでしょう。

次に、センガクは出荷日付に注目します。

センガク　**刈田室長は、この製品の出荷先別の出荷数がほしいとしか言ってなかったけど、この商品は10月に出荷が始まってから、11月、12月ともう3カ月に渡って出荷しているから、請求済みのものや得意先によってはすでに入金されてしまっているものもあるんじゃないだろうか。出荷時の単**

＊1　nは、複数あるがいくつとは決まっていない、あるいはいくつあるかはわからないときに使われる表現です。

価は得意先によっても変わってくるよなあ

センガクは返金に備えて、金額の集計も必要なことに気がつきました。センガクは簡単なメモを残します。

・商品コードは複数ある。M810001101？[*2]
・出荷数量だけでなく金額も集計する必要がある。
・出荷単価は得意先によって異なる

本章では、プログラム全体の中でデータの抽出処理を作成します。どういうプログラムにすればいいかをイメージするために、Excelでデータを抽出する方法をおさらいしておきましょう。

Excelで抽出してからPythonで読み込むと……

1行目が項目名で、2行目以降は各項目ごとにデータが整然と並んでいるExcelデータならば、すぐにデータベースとして扱うことができることは第1章でも説明しました。一般にWebアプリ、つまりWebサーバー上で動作するアプリケーションから、データの一覧を項目名付きのCSVファイルとしてダウンロードできれば、この要件を満たすデータになっていることが多いです。ここでは企業のWeb販売管理システムからダウンロードした出荷データのCSVファイルを、Excelブック（.xlsx）としていったん保存して操作していると想定しています。読者のみなさんは、サンプルファイルの「03」フォルダの中にある「data」フォルダに保存した「出荷データ.xlsx」を使ってください。あらかじめドキュメントなどに第3章専用の作業用フォルダを作っておき、さ

2　商品コード末尾の「?」（クエスチョンマーク）はワイルドカードです。ワイルドカードとはトランプのジョーカーのようなもので何にでもなります。ここでは、末尾の桁が何の文字であっても対象となるという意味で「?」とメモしました。ワイルドカードとしては「」（アスタリスク）もよく使います。違いは「?」は任意の1文字を表し、「*」は文字数を問わない任意の文字列（文字がない、つまり文字数ゼロも含みます）にマッチしていることを示しているところにあります。

らにその中に「data」フォルダを作成します。出荷データ.xlsxはこのdata
フォルダにコピーしておきましょう。その際、このファイルを操作するプログ
ラムを保存する「prg」フォルダをdataの隣に作ります。以降は、このフォル
ダ構成になっていることを前提に説明を進めていきます。

　では、Excelでデータを抽出する方法を戻りましょう。まずあらかじめデー
タ範囲内の任意のセルを選択しておきます。次に「データ」タブを開き、「フィ
ルター」ボタンをクリックします。

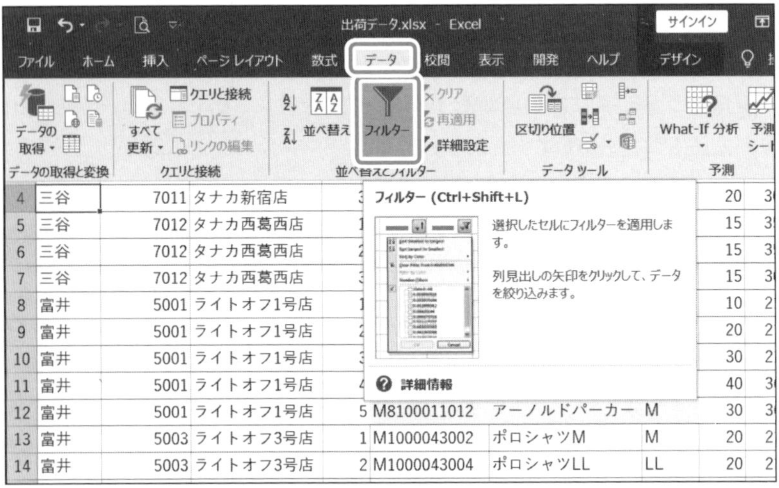

図 3-2 「データ」タブにある「フィルター」を選ぶ

　次に、商品コードの列を対象に、必要なフィルターを設定していきましょ
う。「商品コード」（セルJ1）の右脇にある下向きの三角ボタンを押します。こ
の段階ではまだフィルターをかけていない状態なので、すべての商品コード
が選択されています。

図3-3　すべての商品コードが選択されている状態

　誰でも思い付く方法としては、すべてのチェックをいったんオフにして、あらためて選択したい商品コードすべてをチェックし直すことで目的の出荷データをフィルタリングするという方法があるでしょう。

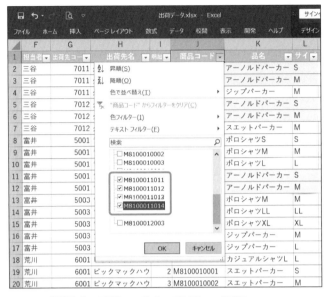

図3-4　**選択したい商品コードすべてにチェックする**

　でも、この方法は簡単な半面、何度もクリックすることが必要です。今回よりもさらに抽出する商品コードの種類が増えてしまうような場合には、なるべくやりたくない方法です。

　せっかくワイルドコードを覚えたので、商品コードのテキストフィルターにM810001101?とワイルドカードを使う形式で入力してみましょう。

図3-5 「M810001101?」でデータベースからデータを抽出

これで、抽出条件に合う行だけが表示されました。では、このようにExcel
の側であらかじめ抽出条件を設定して絞り込んでおき、その結果をPython
のプログラムで扱えるのならば、かなりシンプルなプログラムにできそうで
す。コーディングもかなり楽ができるのではないでしょうか。

　これを確かめるために、短いプログラムを作って試すことにしました。以下
のプログラムをVSCodeに入力して、実行してみましょう。

プログラム3-1　指定したワークシートのデータを読み込む read_sheet.py

```
1  import openpyxl
2
3  wb = openpyxl.load_workbook(r"..\data\出荷デー
   タ.xlsx")
4  sh = wb.active
5
6  for row in range(2, sh.max_row + 1):
7  ├──→ print(sh["J" + str(row)].value)
```

その際、第1章の merge_pirnt.py では、

```
sh1 = wb[シート名]
```

と記述して、シートオブジェクトを取得していましたが、今扱っている出荷
データ.xlsx にはワークシートが一つしかありません。ファイルを開いた
時点でアクティブになるシートが自動的に決まります。そういう場合は、
wb.active で取得できます。

　セルの値の取得方法はいろいろあります。merge_print.py では、iter_
rows メソッドで各行を取得しました。ここでは、range 関数の第1引数とし
て2、第2引数に sh.max_row + 1 を指定して、2行目から sh.max_row +
1で最後の行までを扱うようにしています。

　sh.max_row プロパティはワークシート上で値が入力されているセル範囲
の最終行を返します。第2章で説明したように range 関数の引数に開始値
と停止値を指定した場合は、開始値から始めて、停止値の一つ前の整数まで
を返すので、sh.max_row をそのまま第2引数に指定してしまうと、最終行よ
り一つ手前の行で繰り返し処理を終えてしまいます。そこで sh.max_row に
+ 1しておけば、最終行まで操作できます。

　プログラムの7行目は、取得したデータを表示する処理です。6行目で記

述した繰り返し処理の具体的な内容です。

```
sh["J" + str(row)].value
```

のrowは、その時点で対象としている行番号です。これを列番号のJと組み合わせて、ワークシート上のセル番地を指定し、そのvalueプロパティを取得します。たとえば12行目を対象として処理しているときにはsh["J12"].valueのように展開されるわけです。

　でも、第1章のサンプルプログラム（merge_print.pyなど）では別の記述をしており、同じセルの値を取得するのにも複数の方法があります。これはプログラミングにおいて一般的なことです。簡単に記述できる書き方やわかりやすい書き方、実行速度が速い書き方といろいろな表記方法があります。プログラミングを学び始めた段階ならば、なるべくわかりやすい書き方をするのがお薦めです。慣れてきたらより簡潔な書き方、大量のデータを扱うようになったら処理速度を優先した書き方といったように、将来的にはいろいろなスキルを身に付けていきたいですね。入門書を脱して専門書を読んだり、ネットで紹介されているコードを試したりして知識を深めてください。プログラマにとって「簡潔」と「速さ」は永遠のテーマなので、たくさんのヒントを見つけることができるでしょう。

　プログラムの説明に戻りましょう。上記のコードで取得した値をprint関数で出力するというのが7行目で記述した処理です。

　これを6行目の記述により、2行目から始めて最終行まで繰り返します。その結果、セルJ1からセルJnn（nnは最終行）までのJ列の値を取得して出力することができます。さて、read_sheet.pyを保存したら、「実行」メニューの「デバッグなしで実行」から実行してみましょう。

図3-6 read_sheet.py で商品
コードを出力した結果

　しかし、出力結果を見ると、抽出しておいた行の商品コードだけではなく、
全行の商品コードが出力されています。シートに表示されている抽出した結
果を、Pythonで直接読むことはできないようです。

　では、Excelのほうでデータを加工してみてはどうでしょうか。抽出後の一
覧データをコピーして、シートを追加してペーストしました。

図3-7　抽出したデータをコピーして、新規に追加したワークシートにペーストした

このように操作すれば、抽出したデータだけをPythonで取り出せます。新しいシートには「抽出データ」とシート名を付けました。

抽出済みのデータを扱うプログラムに改変

対象となるワークシートが変わるので、read_sheet.pyのままでは新しく作った「抽出データ」シートを使えません。そこで、ちょっと改造しましょう。こんなプログラムにしてみました。

プログラム3-2　「抽出データ」シートに対応したread_sheet2.py

```
1  import openpyxl
2
3  wb = openpyxl.load_workbook(r"..\data\出荷デー
   タ.xlsx")
4  sh = wb["抽出データ"]
5
6  for row in range(2, sh.max_row + 1):
7  ├──→ print(sh["J" + str(row)].value)
```

改変したのは4行目だけです。最初は「出荷データ.xlsx」のワークシート
は1枚だけだったので、このファイルを開いた時点ではワークシートは

```
sh = wb.active
```

とアクティブになるシートを指定しておけばよかったのですが、今はワーク
シート「抽出データ」を追加しています。そこで同じ行を

```
sh = wb["抽出データ"]
```

と書き換え、プログラムが利用するワークシートを明示的に指定しました。
　それ以外の動作はread_sheet.pyと変わりません。このプログラムは抽
出データシートのJ列を順に出力します。実行してみましょう。

```
問題  1   出力  デバッグ コンソール   ターミナル
経BP\excel_python\ExPy2\03\prg\read_sheet2.py "
M8100011011
M8100011012
M8100011011
M8100011012
M8100011011
M8100011012
M8100011011
M8100011012
M8100011013
M8100011011
M8100011012
M8100011013
M8100011014
```

図3-8 **M810001101?にマッチする商品コードだけが
表示されている**

　今 度 はM8100011011、M8100011012、M8100011013、M8100011014
だけが表示されています。このように抽出結果を別シートや別ブックにコ
ピー&ペーストすれば、Excelでフィルターで抽出した行だけを扱うことがで
きます。

Pythonでデータを抽出する

　もしかすると今回のように1回だけ抽出すればいいなら、Excelで作業す
るだけで事足りるかもしれません。でも、ここまでの手順の中ではマウスで
クリックするにしろ、キーボードから入力するにしろ、それなりに手作業が
ありました。しかも抽出する商品コードが多岐に渡ったり、毎日あるいは毎
週のように抽出する作業をしなければならなかったりといった場合もあるで
しょう。そういう場合は、たくさんの手作業が煩わしくなってしまいます。

　そこで、Pythonのプログラムでデータを抽出する方法を考えてみましょ
う。こうした抽出の場合、比較演算子と論理演算子andを組み合わせて使う
といいのではないかとまず考えてみました。その発想をもとに、こんなプロ
グラムを作ってみました。

プログラム3-3　Excelデータから特定の条件で抽出するselect_record.py

```
 1    import openpyxl
 2
 3    wb = openpyxl.load_workbook(r"..\data\出荷デー
      タ.xlsx")
 4    sh = wb["出荷データ"]
 5
 6    # 範囲の比較
 7    for row in range(2, sh.max_row + 1):
 8    ├─→ if sh["J" + str(row)].value > "M8100011010"
          and \*3
 9
10    ├─→├─→ sh["J" + str(row)].value <= "M8100011019":
11    ├─→├─→ print(sh["J" + str(row)].value)
```

　シート上に現れている対象の商品コードはM8100011011、
M8100011012、M8100011013、M8100011014の4種類だけです。抽出
するのはこれだけでいいのですが、プログラムを作る際には、「この4つ」とこ
だわらないほうが効率良くプログラミングできることがあります。

　どういうことかと言うと、具体的にはこうです。

　M8100011011から同じ商品のサイズ違いの商品コードが始まり、現状の
データではLLサイズの8100011014がMAXですが、商品コードの体系上、
下一桁は1から9まで入れられると考えることができます。このため、ほかの
商品のことも考えると下一桁は1～9になる可能性があります。そこで条件式
として、

---

*3　andの後ろにある\（バックスラッシュ）はPythonの行継続子です。見かけ上は改行されていま
　　すが、プログラムコードとしては改行せず、まだ同じ行が続いていることを示します。環境によっ
　　ては「¥」マークで表示されることがあります。

```
> "M8100011010" and <= "M8100011019"
```

のように比較演算子を使った二つの式を、論理演算子and（かつ）で連結します。ここでは

```
> "M8100011010"
```

と記述することで下1桁が0より大きいと指定していますが、

```
>= "M8100011011"
```

と書いて、下1桁が1「以上」を表現することもできます。

これで、プログラムを実行すると、商品コードを範囲指定して選択することができました。

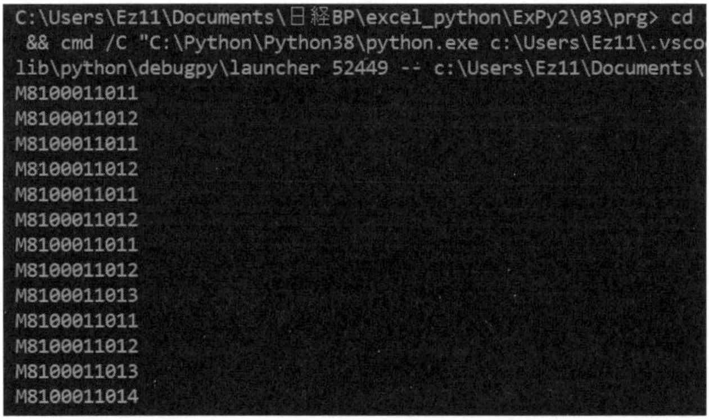

図3-9　**M8100011011からM8100011014をプログラムで抽出できた**

しかし、文字列の大小を比較して抽出するというのは、ピンと来ないかもしれません。サンプルプログラムを作っている側としても、どこか"頼りない"

ものを感じていたのは確かです。

たとえば、下1桁でサイズを表していますが、サイズがもっと細かく分かれているような商品だと、1から9だけでは足りなくなって、M810001101Aのようなアルファベットも使うような商品も想定できます。そういった商品コードは、

```
> "M8100011010" and <= "M8100011019"
```

という条件には当てはまらず、抽出できなくなってしまいます。Aは1から9の範囲にはありませんからね。

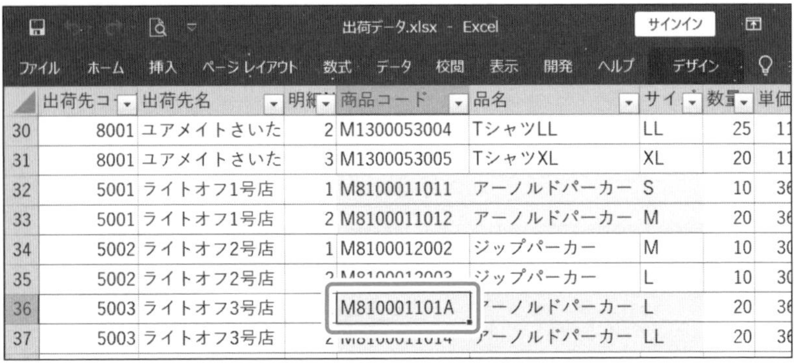

図3-10　**サイズを表す下1桁がAになっている商品コードを含むデータベース**

こういうとき、Pythonでは「スライス」という機能を使います。スライスを使うと文字列の一部を切り取って、比較することができます。このスライスを使うと、プログラムはこう変わります。

プログラム3-4　スライスを使って抽出する select_record.py

```
1    import openpyxl
2
3    wb = openpyxl.load_workbook(r"..\data\出荷デー
                                          タ.xlsx")
4    sh = wb["出荷データ"]
5
6    #スライス
7    for row in range(2, sh.max_row + 1):
8    ├──→ if sh["J" + str(row)].value[:10] ==
                                    "M810001101":
9    ├──→├──→ print(sh["J" + str(row)].value)
```

8行目にある条件式

```
sh["J" + str(row)].value[:10]
```

の[:10]の部分がスライスです。この表記で商品コードの上10桁を切り出します。この10桁が"M810001101"と等しいか比較しています。このプログラムを実行してみましょう。

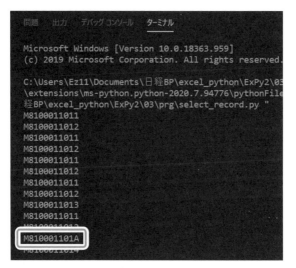

図 3-11　**下1桁がAの商品コードも抽出できている**

　実行結果を見ると、抽出された商品コードには下1桁がAのものも含まれていますね。

抽出に威力を発揮するスライス

　ここで耳慣れない「スライス」というPython用語が出てきました。これは英語ではsliceと書きます。スライスについてくわしく説明したいと思いますが、そのためには文字列についてよりくわしく知っておく必要があります。文字列については第2章で基本的なことは説明していますが、ここではもう少し踏み込んで解説します。

　文字列（str）型は、データ型の中では「シーケンス型」に分類されます。シーケンスとは複数の値を順に並べたものをひとかたまりにメモリに格納する型です。特徴としては、値である要素を順々に一つずつ扱ったり、特定の要素にインデックスでアクセスしたりできます。「インデックスでアクセス」するというのは、何番目の要素かを指定すると、値の中から当てはまるものを取

り出せるという意味です。

　次章で解説するリストやタプルもシーケンス型です。ここでは文字列を扱う簡単なプログラムでシーケンス型の値の扱い方を見ていきましょう。

プログラム3-5　str_sample.py

```
1  str1 = "welcome"
2  for char1 in str1:
3  ├──→ print(char1)
```

　1行目でstr1にwelcomeという文字列を代入しているので、この時点で変数str1は文字列型です。2行目のfor in文を上記のように記述することで、str1から1文字ずつ変数char1に取り出すことができます。もっと細かく言うと「str1の値を先頭から順に取り出し、char1に代入する」という処理をしています。1文字分を取り出して代入という処理をするたびに、3行目でその文字を表示し、次の文字の処理をstr1の最後の文字まで繰り返します。これがプログラム全体の動作です。

　これを実行すると、welcomeが1文字ずつ出力されます。

図3-12　str_sample.pyを実行するとwelcome
が1文字ずつ出力される

　welcomeに限らず文字列は文字が順番に並んだシーケンス型なので、このように順に取り出すことができます。

インデックス（添え字）で文字を取り出すこともできます。str_sample.py の2行目以降を次のように書き換えて、文字を取り出してみましょう。

```
2  print(str1[0])
3  print(str1[1])
4  print(str1[2])
```

str1[0]、[1]、[2]を出力するとw、e、lが1文字ずつ表示されました。

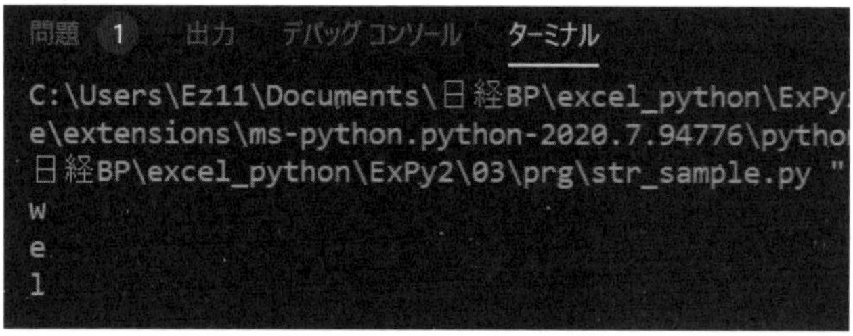

図3-13　w、e、lが1文字ずつ表示された

文字列をはじめ、このような性質を持つシーケンス型のデータはスライスで操作することができます。文法としてとらえると、

文字列[開始値：停止値：間隔]

という構文になります。開始値および停止値としてインデックスを指定して文字列を部分的に取り出すことができます。開始値と停止値は、forを使った繰り返し処理の時と同様です。開始値が最初に取り出す位置になり、以降の要素を順に取り出します。そして停止値の手前の要素を取り出したところで、取り出す処理が止まります。

インデックスと要素の関係を、welcomeを例に表にまとめると以下のようになります。

表3-1　**文字列とインデックスの関係**

インデックス	0	1	2	3	4	5	6
文字列	w	e	l	c	o	m	e

インデックスも0が最初になる点に注意してください。たとえば

```
print(str1[1:4])
```

と記述した場合は、インデックス[1]を開始値とし、停止値[4]の前までの3文字を取り出しますので、elcと出力します。また、

```
print(str1[:5])
```

のように停止値だけを指定すると、インデックス[0]から[4]までの5文字に相当するwelcoを取得します。逆に、

```
print(str1[5:])
```

のように開始値だけを指定すると、指定したインデックス[5]から最後までを取得します。文字列がwelcomeならmeと出力するわけです。
　引数の3番目は間隔です。たとえば

```
print(str1[1:4:2])
```

と記述し、間隔に2を指定すると、インデックス[1]から始め、1文字おきに[4]の手前まで、つまり2文字目のeと4文字目のcと取得し、ecと出力します。今度は

```
print(str1[::-1])
```

と、間隔をマイナスで指定すると、emoclewのように文字列を逆順に取得することができます。

コードの末尾にとらわれない抽出処理

それでは、Pythonでデータを抽出するプログラムに戻りましょう。将来的に同じような要望があったときに、今とは商品コードの末尾の使い方が変わっているかもしれません。これに対応するプログラム、つまり末尾の文字に依存しないプログラムにしたいと思います。

プログラムの動作を大まかに説明すると、出荷データ.xlsxファイルから、商品コードの上10桁がM810001101に一致する出荷データを抽出済データ.xlsxファイルに出力するとなります。以下のコードが、それを実装したプログラムです。

プログラム3-6　**data_extract.py**

```
1   import openpyxl
2
3   wb = openpyxl.load_workbook(r"..\data\出荷デー
                                タ.xlsx") #入力ファイル
4   sh = wb["出荷データ"]
5
6   owb = openpyxl.Workbook() #出力ファイル:抽出済データ.xlsx
                                になるブック
7   osh = owb.active
8   list_row = 1
9   for row in sh.iter_rows():
10  ┠── if row[9].value[:10] == "M810001101" or
```

```
        list_row == 1:
11  ├──→├──→ for cell in row:
12  ├──→├──→├──→ osh.cell(list_row,cell.col_idx).value
                                           = cell.value

13
14  ├──→├──→ list_row += 1
15
16  owb.save(r"..\data\抽出済データ.xlsx")
```

　意外に短いプログラムだなあと驚きませんか？

　短いコードにできてしまう理由はExcelブックがそもそも構造的に設計されていることと、Pythonの文法がゴチャゴチャしていないのでスパッと書けることの2点です。

　では、コードについて解説していきましょう。

　まず3行目を見てください。load_workbookメソッドで出荷データ.xlsxを読み込み、変数wbにワークブックオブジェクトを作成します。4行目で「出荷データ」シートを変数shにシートオブジェクトとして取得します。shはプログラムに読み込むシートです。プログラムにとっては、出荷データ.xlsxが入力元ファイルとなり、「出荷データ」が入力元シートになるわけです。

　続いて6行目を見てみましょう。openpyxlのWorkbookメソッドは新規ワークブックを作成します。これにより変数owbに新規ワークブックオブジェクトを作成します。これが処理結果の出力先ファイルになります。

　新規にワークブックを作成すると、自動的にワークシートが1枚作成されます。必然的にこのワークシートがアクティブになります。そこでactiveメソッドでこのワークシートを選択し、変数oshに出力用のシートオブジェクトを作成します。これが7行目です。

　8行目で、変数list_rowに1を代入します。list_rowは、osh（出力用のワークシート）に対してデータを書き込むときの行番号を示すために作った変数です。

9行目から、商品コードが条件にマッチするかの判断をしながら、各行の処理をしていきます。

まず、9行目の

```
for row in sh.iter_rows()
```

で「出荷データ」シートの各行のセルの値をA列から順にまとめて変数rowに取得します。次の10行目のif文で、商品コードの上10桁がM810001101と等しいか、スライスを使って調べています。

ここで、もとのデータをExcelで見ておきましょう。「商品コード」はJ列にあります。

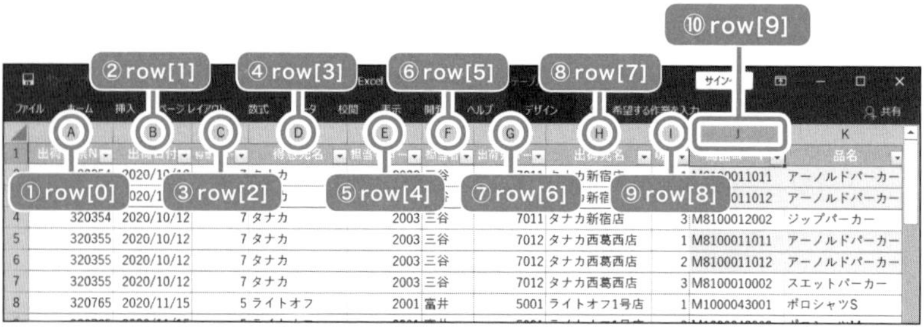

図3-14　**商品コードはJ列だから10番目。このためPythonではrow[9]**

A列がインデックスでは[0]に当たるので、そこから数えると、J列はrow[9]になります。プログラムではこのrow[9]の値を見て、上10桁がM810001101と一致する行を出力用シートに転記します。その際、論理演算子orを使って、出力する条件を追加しています。

追加した条件は、

```
list_row == 1
```

です。その理由は、1行目に入力してある項目名を取得するためです。

　変数list_rowが1、つまり8行目でlist_rowを初期化した際に代入した1がそのまま変更されていないとき、プログラムが調べる対象の行は最初の行、すなわち項目名の行です。このときにも条件にマッチするようしました。それがorを使った理由です。これにより、商品コードがM810001101であるかどうかとは別に、ヘッダー行を入力シートから取得できるようにしました。この条件により取得した値を転記することで、出力用シートにも同じように先頭行に項目名を同じ列順で入力できます。

　11行目以降は、条件にマッチしたときの具体的な処理を記述しています。まず、

```
├──→├──→ for cell in row
```

として行データから各セル（cell）の値を一つずつ取り出します。その次の行で、その値を出力先に書き出すデータにしています。

```
├──→├──→├──→ osh.cell(list_row,cell.col_idx).value =
             cell.value
```

　この行を細かく見ていきましょう。右辺のcell.valueは、入力元のシートから読み出したセルの値です。このcellは11行目のfor文に出てきたcellです。そのvalueというわけです。

　左辺で、出力先のワークシート（osh）のどのセルの値にするかを決めています。それを記述しているのが

```
cell(list_row,cell.col_idx)
```

です。list_rowは行番号です。列インデックスは、入力元のセルの列インデックスをそのまま使います。これはcell.col_idxで取り出せるので、そのまま出力先の列インデックスに記述しました。これにより、入力元から読み込んだセルの値を、出力先でも同じ列に書き込むことができます。このように位置

を指定して、そのセルの値にcell.valueを代入することで、セルの値を転記します。これに1セルずつ繰り返します。

転記したら、14行目のlist_row += 1で出力先の行番号を示す変数list_rowが、その次の行を示すように1を足します。

最後（16行目）のowb.saveメソッドで、6行目で新規に開いた出力先のワークブックを保存します。このメソッドは上書き保存なので、新規に抽出処理をするときだけに限らず、何度でもプログラムを実行することができます。

data_extract.pyを実行すると、項目名と商品コードがM810001101で始まる商品が抽出済みデータ.xlsxに出力されました。

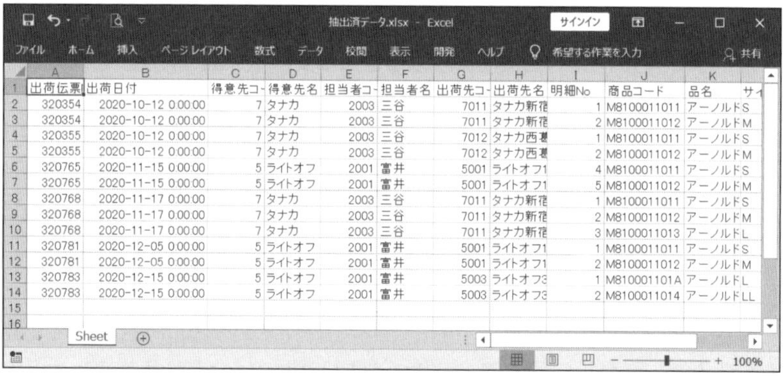

	A	B	C	D	E	F	G	H	I	J	K	L
1	出荷伝票	出荷日付	得意先コ	得意先名	担当者コ	担当者名	出荷先コ	出荷先名	明細No	商品コード	品名	サイ
2	320354	2020-10-12 0:00:00	7	タナカ	2003	三谷	7011	タナカ新宿	1	M8100011011	アーノルド	S
3	320354	2020-10-12 0:00:00	7	タナカ	2003	三谷	7011	タナカ新宿	2	M8100011012	アーノルド	M
4	320355	2020-10-12 0:00:00	7	タナカ	2003	三谷	7012	タナカ西葛	1	M8100011011	アーノルド	S
5	320355	2020-10-12 0:00:00	7	タナカ	2003	三谷	7012	タナカ西葛	2	M8100011012	アーノルド	M
6	320765	2020-11-15 0:00:00	5	ライトオフ	2001	富井	5001	ライトオフ1	4	M8100011011	アーノルド	S
7	320765	2020-11-15 0:00:00	5	ライトオフ	2001	富井	5001	ライトオフ1	5	M8100011012	アーノルド	M
8	320768	2020-11-17 0:00:00	7	タナカ	2003	三谷	7011	タナカ新宿	1	M8100011011	アーノルド	S
9	320768	2020-11-17 0:00:00	7	タナカ	2003	三谷	7011	タナカ新宿	2	M8100011012	アーノルド	M
10	320768	2020-11-17 0:00:00	7	タナカ	2003	三谷	7011	タナカ新宿	3	M8100011013	アーノルド	L
11	320781	2020-12-05 0:00:00	5	ライトオフ	2001	富井	5001	ライトオフ1	1	M8100011011	アーノルド	S
12	320781	2020-12-05 0:00:00	5	ライトオフ	2001	富井	5001	ライトオフ1	2	M8100011012	アーノルド	M
13	320783	2020-12-15 0:00:00	5	ライトオフ	2001	富井	5003	ライトオフ3	1	M810001101A	アーノルド	L
14	320783	2020-12-15 0:00:00	5	ライトオフ	2001	富井	5003	ライトオフ3	2	M8100011014	アーノルド	LL
15												
16												

図3-15　**data_extract.pyが作成した抽出済みデータ.xlsx**

ただし、出力先のファイル（抽出済みデータ.xlsx）を開いたままの状態でプログラムを実行すると、

```
PermissionError: [Errno 13] Permission denied
```

が発生するので注意してください。

インデントによる動作の違いを確かめよう

インデントを意識することはとても重要だという例を紹介しましょう。思い出してください。Pythonではインデントは文法です。

ためしにdata_extract.pyで14行目のlist_row += 1のインデントを変えてみましょう。今は、10行目のif文にマッチしたときに処理するようになっています。ほかの記述は変えずに、list_row += 1のインデントを1段階深くしてみます。

```
 9   for row in sh.iter_rows():
10   ├──→ if row[9].value[:10] == "M810001101" or
          list_row == 1:
11   ├──→├──→ for cell in row:
12   ├──→├──→├──→ osh.cell(list_row,cell.col_idx).value
               = cell.value
13
14   ├──→├──→├──→ list_row += 1
```

こうすることで、11行目のforループ（繰り返し処理）の中にlist_row += 1が入りました。

この状態で実行すると、セルの値を一つ転記するたびに、list_rowには1が加算されるので、出力先の行がどんどん進んでいきます。

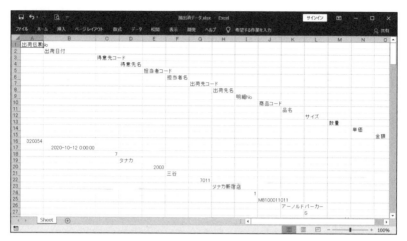

図3-16 **list_row += 1のインデントを深くした場合の抽出済みデータ.xlsx**

　経験上、Pythonのプログラムで期待したような実行結果にならないときは、インデントが間違っているケースが多いように思います。インデントの深さには常に気を配ることをお勧めします。

　センガクは調べたことを約束通り、刈田室長にメールします。

品質管理室　室長　刈田様

　ご依頼のあった欠陥商品の出荷数集計の件ですが、商品コードは
サイズ別に複数あるので、先頭から10桁がM810001101に一致す
る商品について集計します。
　また、欠陥商品の出荷期間は3ヶ月に渡っております。すでに請求
済みの分や得意先によっては、代金回収済みの分もあるのではない
かと思います。
　ですから、出荷金額についても集計します。

　とりいそぎ。

合理化推進室　千田学

すぐに、刈田室長から返事が来ました。

合理化推進室　室長　千田様

　迅速な対応に感謝します。指摘のように返金の必要もあるようで
す。出荷数は返品手配のため出荷先別にほしいのですが、請求はご存
じのように得意先別なので、出荷額は得意先別に集計してください。

　よろしくお願いします。

品質管理室　刈田　秋雄

これは抽出条件が少し複雑になるなと思っていたところに、麻美さんが話しかけてきました。

麻美　ねえ、センガク室長、売上伝票を一覧にしてCSV出力する処理にクレームが来たわよ。これ、私が営業にいたときに作ってくれたプログラムよね？

センガク　どうせ営業2課のあの人からだろう。今は手が回らないよ

麻美　でも、今の仕事にも関係しそうだから転送するね

クレームは忙しいときに限って多いものですよね。

センガクへ
　この間作ってくれた、売上伝票をCSVにするプログラムだけど、日付項目の後ろに0:00:00って全部付いているぞ。ダサいぞ、センガク

営業2課　富井

センガク　頭来るなあ、富井課長。でも、抽出済データの出荷日付にも0:00:00が付いているなあ。たしかに邪魔だなあ

出荷データから抽出済データに日付を転記する今回の処理でも、売上伝票から一覧表に転記するプログラム*4と同じ現象が出ています。

---

*4　詳細は拙著『Excel×Python最速仕事術』をご覧ください。

	A	B	C	D	E
1	出荷伝票N	出荷日付	得意先コー	得意先名	担当者コー
2	320354	2020/10/12	7	タナカ	2003
3	320354	2020/10/12	7	タナカ	2003
4	320354	2020/10/12	7	タナカ	2003
5	320355	2020/10/12	7	タナカ	2003
6	320355	2020/10/12	7	タナカ	2003
7	320355	2020/10/12			
8	320765	2020/11/15			
9	320765	2020/11/15			
10	320765	2020/11/15			
11	320765	2020/11/15			

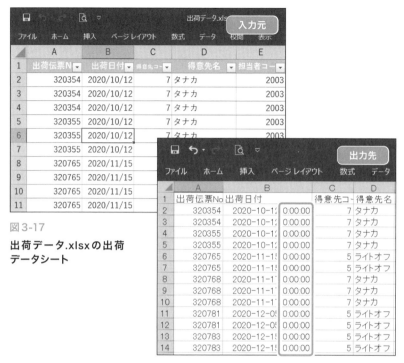

図3-17

出荷データ.xlsxの出荷データシート

	A	B	C	D
1	出荷伝票No	出荷日付	得意先コー	得意先名
2	320354	2020-10-1 0:00:00	7	タナカ
3	320354	2020-10-1 0:00:00	7	タナカ
4	320355	2020-10-1 0:00:00	7	タナカ
5	320355	2020-10-1 0:00:00	7	タナカ
6	320765	2020-11-1 0:00:00	5	ライトオフ
7	320765	2020-11-1 0:00:00	5	ライトオフ
8	320768	2020-11-1 0:00:00	7	タナカ
9	320768	2020-11-1 0:00:00	7	タナカ
10	320768	2020-11-1 0:00:00	7	タナカ
11	320781	2020-12-0 0:00:00	5	ライトオフ
12	320781	2020-12-0 0:00:00	5	ライトオフ
13	320783	2020-12-1 0:00:00	5	ライトオフ
14	320783	2020-12-1 0:00:00	5	ライトオフ

図3-18　**抽出済データ.xlsx**

もともとの出荷データを見ると、日付は「年/月/日」の形式で入力されていますが、抽出済データでは、「年-月-日 時:分:秒」の書式になっています。元データの出荷データシートで出荷日付のセルの書式設定を確認すると、分類が日付になっています。

図3-19 「出荷データ」シートの「出荷日付」のセルの書式設定

この場合、openpyxlでは日付をDateTime型として扱うので、0:00:00と時分秒が付いてしまうようです。このままでも問題にならないケースもあるでしょうが、必要ない情報は表示しないほうが望ましいでしょう。そこで、data_extract.pyを次のように書き直してみました。書き換えたのは12〜14行目で、if文を使った記述を追加しています。

```
11              for cell in row:
12                  if cell.col_idx == 2 and list_row != 1:
13                      osh.cell(list_row,cell.col_idx).
                        value = cell.value.date()
14                  else:
15                      osh.cell(list_row,cell.col_idx).
                        value = cell.value
```

12行目のif文で、col_idxが2でかつ、list_rowが1でないとき (!= 1) と条件を付けました。これで、列インデックスが2で、なおかつ1行目ではないときという条件が作れます。このときの処理が13行目で、もとの記述を少し

176

だけ変更しています。書き直す前*5との違いは、右辺の最後に.date()が付いていること。dateメソッドを使うことにより、日付の列だけDateTime型から日付部分を取り出すことができます。

14行目として追加したelse:は、10行目の条件にマッチしなかった場合の処理です。dateメソッドを使うのは日付の列だけでいいので、それ以外の列では今までと同じ処理をするようになります。このため15行目の記述は以前の12行目から変わっていません。でも、インデントが変わっていることには注意してください。

これで、data_extract.pyを実行してみましょう。

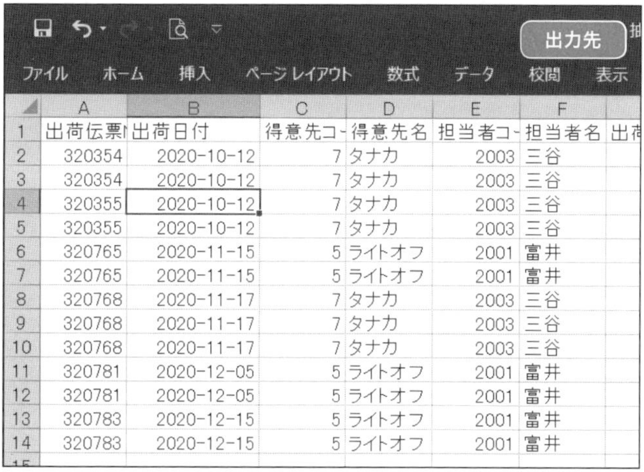

	A	B	C	D	E	F	
1	出荷伝票	出荷日付	得意先コ	得意先名	担当者コ	担当者名	出荷
2	320354	2020-10-12	7	タナカ	2003	三谷	
3	320354	2020-10-12	7	タナカ	2003	三谷	
4	320355	2020-10-12	7	タナカ	2003	三谷	
5	320355	2020-10-12	7	タナカ	2003	三谷	
6	320765	2020-11-15	5	ライトオフ	2001	富井	
7	320765	2020-11-15	5	ライトオフ	2001	富井	
8	320768	2020-11-17	7	タナカ	2003	三谷	
9	320768	2020-11-17	7	タナカ	2003	三谷	
10	320768	2020-11-17	7	タナカ	2003	三谷	
11	320781	2020-12-05	5	ライトオフ	2001	富井	
12	320781	2020-12-05	5	ライトオフ	2001	富井	
13	320783	2020-12-15	5	ライトオフ	2001	富井	
14	320783	2020-12-15	5	ライトオフ	2001	富井	

図3-20　**出荷日付が日付だけになっている**

このように出荷日付から時刻が消え、日付だけになっています。cellのcol_idxプロパティは0ではなく1から始まることに注意してください。

日付について少し付け加えておきましょう。日付データはDateTime型なので、yearプロパティやmonthプロパティ、dayプロパティをcell.value.

*5　変更前は12行目に当たります。

year、cell.value.month、cell.value.dayなどのように指定して、それぞれ年、月、日だけを取得することもできます。

逆にcell.value.time()のようにtimeメソッドで時間だけを取り出すこともできます。

データ型が何なのか、気になったらtype(cell.value)で調べてみてください。

これで、Excelの一覧データから必要なデータをPythonで抽出することができました。次の章では、抽出したデータの並び替えをします。

データを並べ替える
処理を作る

データを抽出、並べ替え、
集計するプログラム②

本章のテーマは並べ替えです。第3章で商品コードの上10桁で抽出したデータを、あとで処理しやすいように並べ替えます。今の課題は、特定の商品コードについて一定期間内の出荷数を集計することなので、並べ替えの基準は出荷先コードおよび出荷日付とします。また、出荷金額は得意先別に集計したいので、得意先コードと出荷日付で並べ替える処理も最終的には組み込みたいと思います。

Excelの並べ替え手順をおさらい

Pythonでの並べ替え処理を検討する前に、Excelでの並べ替え手順を見ておきましょう。本章では前章で作成した「抽出済データ.xlsx」を元データとして使います。

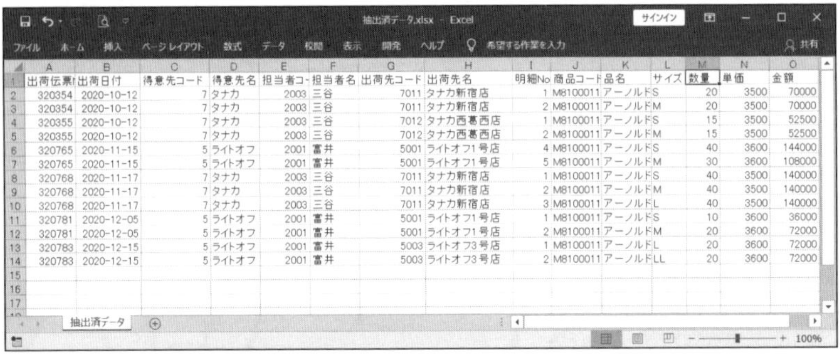

図4-1　元となるデータは、ワークシート「抽出済データ」にある

このデータはわかりやすくするためにデータ数を少なくしていますが、本来はもっと多くの、というより大量のデータがあるとイメージしてください。

まずは、どの取引先にいつごろ出荷しているのかを調べるために、抽出済みデータを出荷先コード、出荷日付の順で並べ替えます。

それにはシート全体を選択した上で、ホームメニュー（タブ）から、並べ替えとフィルター、ユーザー設定の並べ替えを選びます。シート全体を選ぶに

は、行の一番上、列の左端にある⊿（三角のマーク）をクリックします[1]。

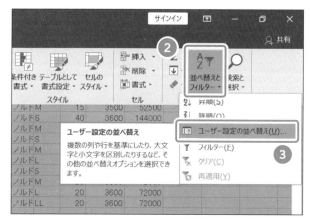

図4-2　任意の条件を設定するために「ユーザー設定の並べ替え」をクリック

　そうすると、並べ替えに適切な範囲が自動的に選択されて、並べ替えのキーを指定する「並べ替え」ウィンドウが表示されます。並べ替えのキーは列の項目名で指定します。

---

[1]　並べ替える範囲内の任意のセルをクリックする操作でもかまいません。

図4-3　並べ替え条件を設定する「並べ替え」ウィンドウ

　最優先されるキーに「出荷先コード」を指定します。並べ替えのキーは「セ
ルの値」です。順序は「小さい順」です。

図4-4　「最優先されるキー」に「出荷先コード」を設定

　もう一つ、並べ替えのキーを追加するために、「レベルの追加」をクリック
します。すると、「次に優先されるキー」を設定できるようになります。ここに
「出荷日付」を選択します。「並べ替え」は出荷先コードと同じように「セルの
値」、「順序」は「古い順」です。

図4-5 2番目の並べ替え条件として「次に優先されるキー」を設定

これで並べ替え条件の設定が終わりました。「OK」ボタンをクリックして、出荷先コードの小さい順、出荷日付の古い順で並べ替えてみましょう。

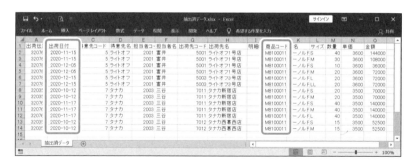

図4-6 出荷先コードと出荷日付で並べ替えたところ

並べ替えた状態でファイルを保存し、Pythonのプログラムで読み込んでみましょう。

```
1    import openpyxl
2
3    wb = openpyxl.load_workbook(r"..\data\抽出済デー
                                        タ.xlsx")
4    sh = wb.active
5
6    for row in sh.iter_rows(min_row=2):
7    ├── print("出荷先コード:{} 出荷日付:{}".
         format(row[6].value,row[1].value.date()) )
```

　read_sheet.py は、抽出済データ.xlsx からデータを読み込むプログラム
です。このファイルにはワークシートが1枚だけ（ワークシート名は「抽出済
データ」）という前提で作っています。

　4行目までは、これまでに何度も出てきた記述ですね。openpyxl ライブ
ラリを利用可能にし、対象のファイルを開いて、読み込むデータのあるワーク
シートを指定しています。

　6行目から説明していきましょう。for 文による繰り返し処理では、iter_
rows メソッドに引数 min_row=2 を指定して、ワークシートの2行目から読
み込みます。

　7行目の print 関数の引数を見てください。文字列の置換フィールド{　}
を二つ用意した文字列で、row[6].value（出荷先コードが7列目にあるため）
と row[1].value.date() で出荷日付（2列目）から、date メソッドで日付だけ
を取得し、これらを並記して表示するように print 関数で出力しています。

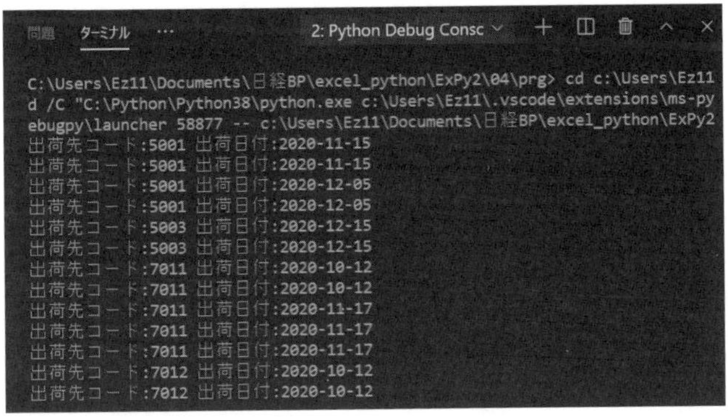

図4-7　出荷先コード、出荷日付順に出力されている

　出荷先コード、出荷日付順に出力されていますね。もちろん、7行目を書き換えて、出荷先コードを得意先コードに変更すれば、同じ手順で得意先コード、出荷日付の組み合わせで出力することができます。

麻美　これで並べ替えはバッチリじゃない！　この並べ替えた抽出済データを使って集計しようよ、センガク。刈田さんも待っているし

センガク　うーん、でもちょっとPythonのプログラムも試させてくれよ。Excelで簡単に並べ替えられるのはわかってたけど、Pythonでもっとうまくやれないか考えたいんだ

麻美　もう、じれったいわね

　慎重なのか、優柔不断なのか、よくわからないセンガクですが、果たして、急がば回れはプログラミングにも当てはまるのでしょうか。確かに、並べ替えのキーを変えたいとなったら、そのつどExcelで同じファイルを開いて、同じような操作を繰り返さなくてはなりません。センガクはそこに何か疑問を感じたようです。プログラマとして鼻が利くようになってきたのでしょうか……。

PythonでExcelデータを並べ替える

そこで、Pythonで元のデータを読み込み、指定したキーで並べ替えるプログラムを作ってみました。ポイントは辞書型の値として元データのセル情報を扱う点と、zip関数、pprintメソッドといったところにあります。それぞれくわしくはあとで解説するとして、まずはプログラムを見てください。

プログラム4-2　**データを並べ替える** sort_sample.py

```python
import openpyxl
from pprint import pprint
from operator import itemgetter

wb = openpyxl.load_workbook(r"..\data\抽出済デー
タ.xlsx")
sh = wb.active

#辞書のリストを作る
shipment_list = []
for row in sh.iter_rows():
    if row[0].row == 1:
        header_cells = row
    else:
        row_dic = {}
        # zip 複数のリストの要素を取得する
        for k, v in zip(header_cells, row):
            row_dic[k.value] = v.value
        shipment_list.append(row_dic)

pprint(shipment_list, sort_dicts=False)
```

```
21
22    #ここからのプログラムの後半部分で並べ替えをする
23    sorted_list_a = sorted(shipment_list,
      key=itemgetter("出荷先コード", "出荷日付"))
24    pprint(sorted_list_a, sort_dicts=False)
25
26    sorted_list_b = sorted(shipment_list,
      key=itemgetter("得意先コード", "出荷日付"))
27    pprint(sorted_list_a, sort_dicts=False)
```

　パッとプログラムを眺めてもらうと、急に難しくなったと感じられるかもしれませんね。だとすると、シーケンス型のリスト（list）と同じくイテラブルである辞書（dictionary）が、このプログラムで初めて登場したからでしょう。

　イテラブル（iterable）は「反復可能な」とか「繰り返し可能な」という意味の言葉です。シーケンス型であるリスト、タプル、文字列はイテラブルです。ちなみに、openpyxlのシートオブジェクトにはiter_rows()というメソッドがあります。このメソッドはシートからrow（行）を"繰り返し"取得します。これが"iter"に表されています。

　2行目、3行目に見慣れないインポート文であるfrom pprint import pprintとfrom operator import itemgetterが出てきているのが気になる人もいるかもしれません。でも、これについてはあとで解説することにします。

　5行目、6行目のブックを開き、ワークシートのオブジェクトを作る部分は問題ないですね。では、メインの処理であるfor in文によるループ処理から見ていきましょう。辞書のリストを作る部分が、このプログラム最大のポイントです。

リスト、タプル、辞書

for in文の前にあるshipment_list = []で、shipment_listという名前の
リストを初期化します（9行目）。リストはデータの扱い方の一種で、ほかの
プログラミング言語で「配列」と呼ばれるものに似ています。リストは0個
以上の要素の並びを表現します。同じシーケンス型である文字列型との違い
は、文字列型には文字しか格納できませんが、リストにはさまざまなデータ
型が格納できるということです。ここでは辞書をリストに格納するわけです。
リストは角カッコ（[　]、ブラケットとも言います）で要素全体を囲みます。

シンプルなリストの例として、得意先ごとの販売単価を列挙したデータを
考えてみましょう。同じ商品でも得意先によって単価が変わることがありま
す。それをリストに記憶させます。たとえば、

```
sell_price =[3500,3600,3700]
```

のように、要素である単価をカンマで区切り、全体を[　]で囲んだものがリ
ストです。これをsell_priceリストとするというのが、この記述の意味すると
ころです。

shipment_list = []という初期化はこれからどんな要素をいくつ
shipment_listに入れるかわからないから、とりあえず何も要素が入ってい
ない状態でshipment_listというリストを作るという意味です。ターミナル
でリストを操作してみましょう。

ターミナルでPythonを起動して、二つのリストを作成して表示しまし
た[2]。

---

[2]　ターミナルでpythonと入力してPythonを起動し、プロンプトが >>> になったら、リストの操作
　　が可能です。すでに >>> になっていれば、Pythonがすでに起動しています。

図4-8　ターミナルでリストを作成したところ

　Pythonにはリストによく似たタプル（tuple）というデータ構造もあります。タプルは

```
sell_price =(3500,3600,3700)
```

のように丸カッコ（(　)）で全体を囲みます。どちらもインデックス番号で要素にアクセス可能で、異なる型の要素を混在可能であるという点は共通していますが、リストとタプルの違いはミュータブルか否かです。

　ミュータブルとは、作成後に変更可能であるという意味です。リストはミュータブルなので要素の書き換えができます。リストを作成後に、要素を削除したり、追加したりすることができます。それに対しタプルはイミュータブルなので、要素の書き換えはできません。

　リスト、タプルともインデックス番号でアクセスできます。リストは

```
sell_price[0] = 3400
```

のように記述して、あとから値を変更することができますが（次ページ図4-9の①および②）、タプルに対して

```
sell_tuple[0] = 1100
```

のように値を変更しようとするとTypeErrorとエラーが表示されます（同③および④）。

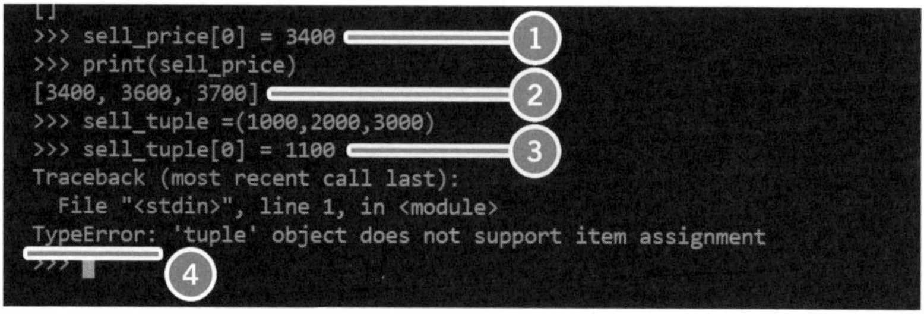

図4-9　ターミナルでリストとタプルを書き換えようとしたところ

これがミュータブルとイミュータブルの違いです。

共通している点も含めて、表にリストとタプルの違いをまとめました。

表4-1　リストとタプルの特徴

リスト	タプル
● 角カッコ（[ ]）（ブラケットとも言う）で全体を囲む	● 丸カッコ（( )）で全体を囲む
● 各要素はカンマ（,）で区切る 例）data = [1,2,3,4,5]	● 各要素はカンマ（,）で区切る 例）data = (1,2,3,4,5)
● インデックス（番号）で要素にアクセスする 例）data[2]は3を返す	● インデックス（番号）で要素にアクセスする 例）data[2]は3を返す
● 要素の書き換えができる（ミュータブル） 例）data[2] = 30	● 要素の書き換えができない（イミュータブル） 例）data[2] = 30 　　→ エラーになる

リスト、タプルと並んで、Pythonでよく使うデータ構造が辞書です。sort_sample.py（コード4-2）では、14行目の

```
row_dic = {}
```

が辞書の初期化です。辞書は、ほかのプログラミングでは連想配列やハッシュテーブル、キーバリューペアなどと呼ばれるもので、キーと値のペアで

データを記憶します。値を読み書きするときはキーで指定します。辞書の内容と、呼び出し方をターミナルで確かめてみます。

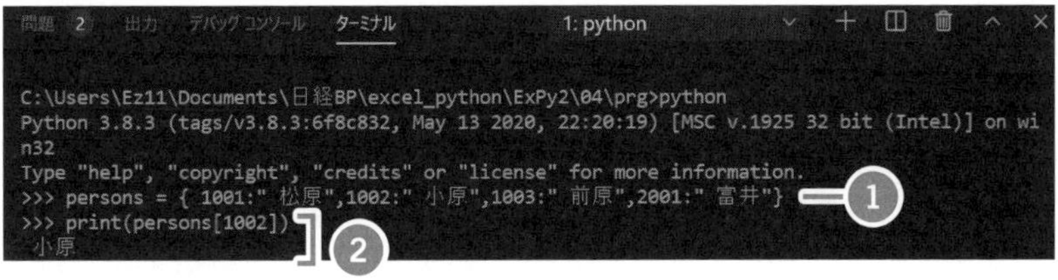

図4-10　**辞書を宣言し、キーで値を出力したところ**

　ここでは、辞書型のデータとしてpersonsを作成し、数字で4桁の社員番号と氏名をセットで、4人分の要素を入力しました（図4-10の①）。このように辞書はキーと値のペアを複数記憶し、キーで値を取り出すことができます（同②）。また、辞書はミュータブルなので要素の書き換えや追加、削除ができます。ここで辞書の特徴もまとめておきましょう。

表4-2　**辞書の特徴**

辞書 (ディクショナリー)
● キーと値の組み合わせで記録する
● 波かっこ { } (ブレース) で全体を囲む
● 各要素はカンマ(,) で区切る 例) persons = {1001:"松原",1002:"小原",1003:"前原"}
● キーで要素の値にアクセスする 例) persons[1002]は小原を返す
● 要素の書き換えができる (ミュータブル) 例) persons[1002] = "大原"

　リスト、タプル、辞書は入れ子にできます。どういうことかというと、リストの要素がリストになっていたり、タプルの要素がタプルになっていたりといったように多次元にできます。また、辞書の要素がリストになっていたり、逆にリストの要素が辞書形式だったりといったデータも作ることができます。

複数のイテラブルオブジェクトを操作するzip関数

さて、次に引っかかるのがzip関数でしょう。zip関数は引数として与えられた複数のイテラブルオブジェクト（リスト、タプル、文字列など）を組み合わせて、新しいイテラブルオブジェクトを作るのに役立ちます。

sort_sample.pyの10行目にある

```
for row in sh.iter_rows():
```

で使われているiter_rowsメソッドは、cellオブジェクトを要素とするタプルを戻り値として返します。11行目のif文で、row[0].rowプロパティが1のときは、rowオブジェクトには項目名が含まれているので、変数header_cellsに代入します。

この時点で、header_cellsは項目名を持つcellオブジェクトを要素とするタプルです。プログラムにheadrer_cellsを出力する記述はありませんが、ここでターミナルにその内容を表示してみましょう。要素全体を丸カッコでくくってあるので、タプルであることがわかります。

丸カッコなのでタプルとわかる

```
(<Cell '抽出済データ'.A1>,
 <Cell '抽出済データ'.B1>,
 <Cell '抽出済データ'.C1>,
 <Cell '抽出済データ'.D1>,
 <Cell '抽出済データ'.E1>,
 <Cell '抽出済データ'.F1>,
 <Cell '抽出済データ'.G1>,
 <Cell '抽出済データ'.H1>,
 <Cell '抽出済データ'.I1>,
 <Cell '抽出済データ'.J1>,
 <Cell '抽出済データ'.K1>,
 <Cell '抽出済データ'.L1>,
 <Cell '抽出済データ'.M1>,
 <Cell '抽出済データ'.N1>,
 <Cell '抽出済データ'.O1>)
```

図4-11　**header_cellsはcellオブジェクトを要素とするタプル**

次に16行目の

```
        for k, v in zip(header_cells, row):
```

に注目してください。

　rowは各行の値を持つcellオブジェクトを要素とするタプルです。このように、二つのタプル（header_cellsとrow）からzip関数は同時に要素を取得して、変数kとvに入れてくれます。このようにしたのは、辞書形式のデータを作るときに、項目名をキーに使いたいためです。ここでrowの要素も見ておきましょう。

図4-12　**rowは各行の値を持つcellオブジェクトを要素とするタプル**

　13行目から、元データの2行目以降を対象にした処理が始まります。14行目を見てください。ここで初期化しているrow_dicは辞書です。この辞書に情報を書き込むコードが17行目で、

```
            row_dic[k.value] = v.value
```

と記述することで、項目名をキーとし、各行のセルの内容を値とする辞書を作成します。

この記述により、1行分で以下のような辞書ができます。

```
{'出荷伝票No': 320354, '出荷日付': datetime.
datetime(2020, 10, 12, 0, 0), '得意先コード': 7, '得意先
名': 'タナカ', '担当者コード': 2003, '担当者名': '三谷', '
出荷先コード': 7011, '出荷先名': 'タナカ新宿店', '明細No': 1,
'商品コード': 'M8100011011', '品名': 'アーノルドパーカー',
'サイズ': 'S', '数量': 20, '単価': 3500, '金額': 70000}
```

このようにして作成した辞書row_dicをリストshipment_listに追加するのが18行目です。追加するためのメソッドがappendです。shipment_listに対してappendを実行し、その引数にrow_dicを指定することで、辞書を追加できます。リスト（この場合はshipment_list）はオブジェクトなのでメソッド（この場合はappend）を持っています。その一つであるappendを使ったというわけです。

イテラブルを整形して出力するpprint

その次の処理で2行目の

```
from pprint import pprint
```

により、Pythonの標準ライブラリpprintモジュールからインポートしておいたpprint関数の出番です。

pprintを使うと、リストや辞書などのイテラブルをきれいに整形して出力できるようになります。単に、

```
import pprint
```

とせずにfromを組み合わせてインポートしたのは、pprint関数を実行する
際にいちいち

```
pprint.pprint()
```

と書かなくても済むようにするためです。from importを書き加えたことに
より、20行目のように、

```
pprint(shipment_list, sort_dicts=False)
```

と書くことができます。ここでpprint関数の第2引数sort_dicts=Falseは
キーで辞書を並べ替えないことを指定します。sort_dicts=Trueにするか、
sort_dictsそのものを省略するとキーの文字列順で並べ替えられます。一
方、sort_dicts=Falseにすると辞書に追加した順に表示されるので、今回
のようにExcelデータを扱うときには元のデータをイメージできるのでわか
りやすいです。

　項目名と値を辞書として追加したshipment_listをpprint関数で出力す
ると、次のように標準出力に表示されます。

```
[{'出荷伝票No': 320354,
  '出荷日付': datetime.datetime(2020, 10, 12, 0, 0),
  '得意先コード': 7,
  '得意先名': 'タナカ',
  '担当者コード': 2003,
  '担当者名': '三谷',
  '出荷先コード': 7011,
```

 '出荷先名': 'タナカ新宿店',
 '明細No': 1,
 '商品コード': 'M8100011011',
 '品名': 'アーノルドパーカー',
 'サイズ': 'S',
 '数量': 20,
 '単価': 3500,
 '金額': 70000},
{'出荷伝票No': 320354,
 '出荷日付': datetime.datetime(2020, 10, 12, 0, 0),
 '得意先コード': 7,
 '得意先名': 'タナカ',
 '担当者コード': 2003,
 '担当者名': '三谷',
 '出荷先コード': 7011,
 '出荷先名': 'タナカ新宿店',
 '明細No': 2,
 '商品コード': 'M8100011012',
 '品名': 'アーノルドパーカー',
 'サイズ': 'M',
 '数量': 20,
 '単価': 3500,
 '金額': 70000},
                ⋮
            （中略）
                ⋮
{'出荷伝票No': 320783,
 '出荷日付': datetime.datetime(2020, 12, 15, 0, 0),
 '得意先コード': 5,

```
    '得意先名': 'ライトオフ',
    '担当者コード': 2001,
    '担当者名': '富井',
    '出荷先コード': 5003,
    '出荷先名': 'ライトオフ3号店',
    '明細No': 2,
    '商品コード': 'M8100011014',
    '品名': 'アーノルドパーカー',
    'サイズ': 'LL',
    '数量': 20,
    '単価': 3600,
    '金額': 72000}]
```

　このようにpprint関数で出力すれば、辞書がシートの行の順番通りにリストに追加されていることがわかりますね。

リストのメソッド

　リストのメソッドについても、もう少し勉強しておきましょう。リスト、辞書が使いこなせるようになれば、Python初心者は卒業できます。リストに対しては以下のようなメソッドを利用した操作が可能です。

表4-3　**リストの主なメソッド**

appendメソッド	リストの末尾に値を追加する
insertメソッド	リストの指定した位置に値を追加する
delステートメント（命令）	リストの特定の要素を削除する
popメソッド	リストの特定の要素を削除する
indexメソッド	リスト内で指定した値を持つ要素のインデックスを返す
sortメソッド	リストを並び変える
reverseメソッド	リストを逆順に並び変える
copyメソッド	リストをコピーする

　サンプルプログラムで実行しているappendメソッドは、リストの末尾に新たに要素を追加するメソッドです。ためしにターミナルでリストを作成し、そのリストに要素を追加してみます。ターミナルのプロンプトが>>>になったら、

```
>>> sell_price = [3500,3600,3700]
```

で、リストsell_priceを作成します。このリストに対してappendメソッドを実行します。3800を末尾に追加してみましょう。

```
>>> sell_price.append(3800)
```

　これによりリストsell_priceに4番目の要素である3800を追加できました。できているかどうか、print関数で表示してみます。

```
>>> print(sell_price)
[3500, 3600, 3700, 3800]
```

　末尾に3800が追加されていることが確認できました。この一連の処理をまとめて見ておきましょう。

```
>>> sell_price =[3500,3600,3700]
>>> sell_price.append(3800)
>>> print(sell_price)
[3500, 3600, 3700, 3800]
>>> █
```

図4-13　sell_priceリストに3800をappendしたところ

　insertメソッドもよく使うメソッドです。これを使うと、指定した位置に要素を追加することができます。上記の処理に続けて、2番目の要素として3560を追加してみました。

```
>>> print(sell_price)
[3500, 3600, 3700, 3800]
>>> sell_price.insert(1,3560)
>>> print(sell_price)
[3500, 3560, 3600, 3700, 3800]
>>> █
```

図4-14　inisertメソッドには挿入する位置と要素を
　　　　指定

　insertメソッドには挿入する位置と要素を指定します。位置を1にすることで、インデックス[0]の要素の次、つまり2番目に3560が追加されています。

　次にdelを見てみましょう。これだけはメソッドでなく、Python本体にある命令（ステートメント）です。メソッドではないので、「オブジェクト名.メソッド名」という書き方はしません。また、関数に必要な(　)も必要ありません。

```
[3500, 3560, 3600, 3700, 3800]
>>> del sell_price[1]
>>> print(sell_price)
[3500, 3600, 3700, 3800]
>>>
```

図4-15　del命令を実行したところ

ここで実行したのは、

```
del sell_price[1]
```

です。これにより、リストsell_priceの2番目（インデックス番号では1）の
要素を削除しました。

delと同様にリストの要素を削除するpopはメソッドです。

```
[3500, 3600, 3700, 3800]
>>> sell_price.pop(0)
3500
>>> print(sell_price)
[3600, 3700, 3800]
>>>
```

図4-16　popメソッドで先頭の要素を削除したとこ
　　　　ろ

popメソッドでも図のようにインデックスを指定して要素を削除すること
ができます。sell_price.pop()のようにインデックスを指定しない場合は最
後の要素が削除されます。

ほかにもよく使うメソッドを見ておきましょう。

indexメソッドはインデックスを返してくれるので、ある値がリストの何番
目に存在するかを知るのに役立ちます。

```
[3600, 3700, 3800]
>>> print(sell_price.index(3800))
2
>>>
```

図4-17　**indexメソッドを使って、特定の値のインデックス番号を取得したところ**

　3800という値から、2というインデックスを得ています。リストの場合、同じ値が複数ある場合があります。そのときは、先頭から探して最初に見つかった値のインデックスを返します。

　sortメソッドは、リスト内の要素そのものを並べ替えます。

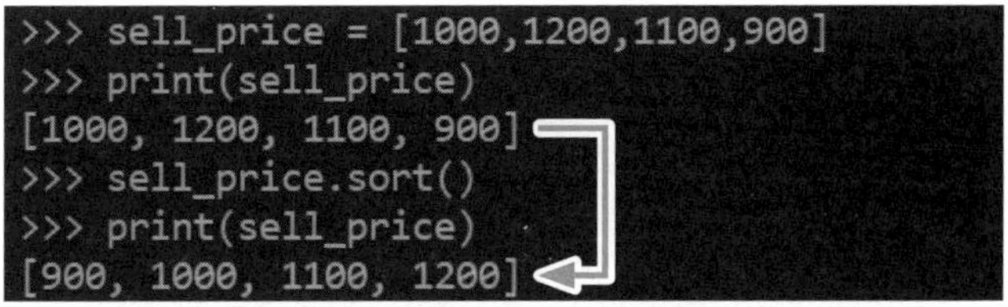

```
>>> sell_price = [1000,1200,1100,900]
>>> print(sell_price)
[1000, 1200, 1100, 900]
>>> sell_price.sort()
>>> print(sell_price)
[900, 1000, 1100, 1200]
```

図4-18　**sortメソッドで並べ替えると昇順になった**

　sortメソッドについては、もう少しくわしく見ておきましょう。まず、

```
>>> sell_price = [1000,1200,1100,900]
```

として、sell_priceリストを新たに作り直しました。要素は順不同に並べています。このリストオブジェクトに対して、

```
>>> sell_price.sort()
```

とsortメソッドで並べ替えると、

```
[900, 1000, 1100, 1200]
```

という昇順（小さい順）に sell_price リストそのものが並べ替えられます。

　sell_price.sort(reverse=True) と引数に reverse=True を指定することで降順（大きい順）に並べ替えることもできます。

```
[900, 1000, 1100, 1200]
>>> sell_price.sort(reverse=True)
>>> print(sell_price)
[1200, 1100, 1000, 900]
```

図4-19　**sortメソッドの引数にreverse=Trueを指定して降順に並べ替える**

　reverse メソッドというのもありますが、sort メソッドの reverse とは異なり、リストを現在の並びの逆順に並び変えるメソッドです。

```
>>> sell_price = [1000,1200,1100,900]
>>> sell_price.reverse()
>>> print(sell_price)
[900, 1100, 1200, 1000]
```

図4-20　**reverseメソッドはリストの要素を単に逆順に並べ替える**

　リストをコピーしたいときは、copyメソッドを使います。

```
[900, 1100, 1200, 1000]
>>> new_price = sell_price.copy()
>>> print(new_price)
[900, 1100, 1200, 1000]
```

図4-21　**リストをコピーするのに使うcopyメソッド**

具体的な使い方としては、

```
new_price = sell_price.copy()
```

のように、左辺の変数に代入する形で、リストのコピーを作ることができます。

並べ替えのコーディング

sort_sample.pyの後半部分に戻りましょう。ここまででまだ説明していない部分は以下のコードです。

```
22   #ここからのプログラムの後半部分で並べ替えをする
23   sorted_list_a = sorted(shipment_list,
     key=itemgetter("出荷先コード", "出荷日付"))
24   pprint(sorted_list_a, sort_dicts=False)
25
26   sorted_list_b = sorted(shipment_list,
     key=itemgetter("得意先コード", "出荷日付"))
27   pprint(sorted_list_a, sort_dicts=False)
```

　23行目が並べ替えの処理で、ここまでの処理で取得したリストの要素をsorted関数を使ってソートします。リストの中には、要素として辞書が並んでいるので、正確に言えば、リストの中の辞書を並べ替えるわけです。

　sorted関数はリストや辞書、タプルなどのデータを並べ替えることができます。sortメソッドは自身のオブジェクトであるリストを並べ替えてしまうのに対し、sorted関数はもとのリストはそのまま変更せずに、並べ替えた新しいリストを戻り値として返します。

　この行の処理では、3行目で

```
3  from operator import itemgetter
```

としてインポートしておいたitemgetterを使います。sorted関数の引数
には、順にイテラブルオブジェクト、key、reverseを指定できるのですが、
itemgetterを使うと、簡単に辞書のキーをソート順に指定することができ
ます。そこで、

```
sorted(shipment_list, key=itemgetter("出荷先コード", "出
                                     荷日付"))
```

とすることで、出荷先コードを第1のキー、出荷日付順を第2のキーとして並
べ替えた結果を返してくれます。

　ここまでの処理を確認しておきましょう。

```
23  sorted_list_a = sorted(shipment_list,
             key=itemgetter("出荷先コード", "出荷日付"))
24  pprint(sorted_list_a, sort_dicts=False)
```

　上記の2行の処理結果は、以下のようになります。

```
[{'出荷伝票No': 320765,
  '出荷日付': datetime.datetime(2020, 11, 15, 0, 0),
  '得意先コード': 5,
  '得意先名': 'ライトオフ',
  '担当者コード': 2001,
  '担当者名': '富井',
  '出荷先コード': 5001,
  '出荷先名': 'ライトオフ1号店',
```

```
  '明細No': 4,
  '商品コード': 'M8100011011',
  '品名': 'アーノルドパーカー',
  'サイズ': 'S',
  '数量': 40,
  '単価': 3600,
  '金額': 144000},
 {'出荷伝票No': 320765,
  '出荷日付': datetime.datetime(2020, 11, 15, 0, 0),
  '得意先コード': 5,
  '得意先名': 'ライトオフ',
  '担当者コード': 2001,
  '担当者名': '富井',
  '出荷先コード': 5001,
  '出荷先名': 'ライトオフ1号店',
  '明細No': 5,
  '商品コード': 'M8100011012',
  '品名': 'アーノルドパーカー',
  'サイズ': 'M',
  '数量': 30,
  '単価': 3600,
  '金額': 108000},
 {'出荷伝票No': 320781,
  '出荷日付': datetime.datetime(2020, 12, 5, 0, 0),
  '得意先コード': 5,
  '得意先名': 'ライトオフ',
  '担当者コード': 2001,
  '担当者名': '富井',
  '出荷先コード': 5001,
```

　　　'出荷先名': 'ライトオフ1号店',

　　　'明細No': 1,

　　　'商品コード': 'M8100011011',

　　　'品名': 'アーノルドパーカー',

　　　'サイズ': 'S',

　　　'数量': 10,

　　　'単価': 3600,

　　　'金額': 36000},

　　　　　　　⋮

　　　　　　（中略）

　　　　　　　⋮

　{'出荷伝票No': 320355,

　　'出荷日付': datetime.datetime(2020, 10, 12, 0, 0),

　　'得意先コード': 7,

　　'得意先名': 'タナカ',

　　'担当者コード': 2003,

　　'担当者名': '三谷',

　　'出荷先コード': 7012,

　　'出荷先名': 'タナカ西葛西店',

　　'明細No': 2,

　　'商品コード': 'M8100011012',

　　'品名': 'アーノルドパーカー',

　　'サイズ': 'M',

　　'数量': 15,

　　'単価': 3500,

　　'金額': 52500}]

　出荷先コードの値を第1優先キー、出荷日付を第2優先キーとして並べ替えができていることが確認できますね。

　この記述を応用して、得意先コード、出荷日付の順に並べ替えるようコード

を記述してみましょう。前述の2行を見て、どこをどう書き換えればいいか、考えてみてください。

それほど難しくないですね。itemgetterの引数に列挙した項目名を変更します。つまり

```
26  sorted_list_b = sorted(shipment_list,
    key=itemgetter("得意先コード", "出荷日付"))
27  pprint(sorted_list_a, sort_dicts=False)
```

になります。このコードでリストを並べ替えた結果は、以下のようになります。

```
[{'出荷伝票No': 320765,
  '出荷日付': datetime.datetime(2020, 11, 15, 0, 0),
  '得意先コード': 5,
  '得意先名': 'ライトオフ',
  '担当者コード': 2001,
  '担当者名': '富井',
  '出荷先コード': 5001,
  '出荷先名': 'ライトオフ1号店',
  '明細No': 4,
  '商品コード': 'M8100011011',
  '品名': 'アーノルドパーカー',
  'サイズ': 'S',
  '数量': 40,
  '単価': 3600,
  '金額': 144000},
 {'出荷伝票No': 320765,
  '出荷日付': datetime.datetime(2020, 11, 15, 0, 0),
```

'得意先コード': 5,
   '得意先名': 'ライトオフ',
   '担当者コード': 2001,
   '担当者名': '富井',
   '出荷先コード': 5001,
   '出荷先名': 'ライトオフ1号店',
   '明細No': 5,
   '商品コード': 'M8100011012',
   '品名': 'アーノルドパーカー',
   'サイズ': 'M',
   '数量': 30,
   '単価': 3600,
   '金額': 108000},
  {'出荷伝票No': 320781,
   '出荷日付': datetime.datetime(2020, 12, 5, 0, 0),
   '得意先コード': 5,
   '得意先名': 'ライトオフ',
   '担当者コード': 2001,
   '担当者名': '富井',
   '出荷先コード': 5001,
   '出荷先名': 'ライトオフ1号店',
   '明細No': 1,
   '商品コード': 'M8100011011',
   '品名': 'アーノルドパーカー',
   'サイズ': 'S',
   '数量': 10,
   '単価': 3600,
   '金額': 36000},
         ⋮

```
          （中略）
            ⋮
{'出荷伝票No': 320354,
 '出荷日付': datetime.datetime(2020, 10, 12, 0, 0),
 '得意先コード': 7,
 '得意先名': 'タナカ',
 '担当者コード': 2003,
 '担当者名': '三谷',
 '出荷先コード': 7011,
 '出荷先名': 'タナカ新宿店',
 '明細No': 1,
 '商品コード': 'M8100011011',
 '品名': 'アーノルドパーカー',
 'サイズ': 'S',
 '数量': 20,
 '単価': 3500,
 '金額': 70000},
            ⋮
          （中略）
            ⋮
{'出荷伝票No': 320768,
 '出荷日付': datetime.datetime(2020, 11, 17, 0, 0),
 '得意先コード': 7,
 '得意先名': 'タナカ',
 '担当者コード': 2003,
 '担当者名': '三谷',
 '出荷先コード': 7011,
 '出荷先名': 'タナカ新宿店',
 '明細No': 3,
```

```
    '商品コード': 'M8100011013',
    '品名': 'アーノルドパーカー',
    'サイズ': 'L',
    '数量': 40,
    '単価': 3500,
    '金額': 140000}]
```

　確かに得意先コードの値を第1優先キー、出荷日付を第2優先キーとして
並べ替えられていますね。

　Excelデータがテーブルとして認識可能な形式になっていれば、Excelで
データを並べ替えることはとても簡単です。並べ替えたあとで保存すれば、
その順序のままPythonプログラムで読み込むことができます。

　それに対し、プログラムを作って並べ替えるメリットは、一度、辞書のリス
トとしてメモリに読み込んでしまえば、いろいろなキーで何度でも並べ替え
られることでしょう。単発の作業として並べ替えるだけならば、Pythonを使
わずにExcelだけでも十分かもしれません。でも、今回のように異なる並び
順でもデータを整理したいとなったら、1回ごとに一つずつ並べ替えの条件を
設定し直す必要があります。並べ替えの条件がもっとたくさんあったら……。
Pythonなら、2行分の記述の中で、必要に応じてほんの少し書き換えるだ
けで、異なる並べ替えを何パターンでも瞬時に実行できます。

Macを利用している場合の注意点

　並べ替えのプログラムを作ってほっとしているところに、プログラムがエ
ラーになるという連絡が入ったようです。

麻美 **センガク、商品開発室の但馬さんからメールよ。先日もらったPythonの
プログラムをMacで実行すると、FileNotFoundErrorになるって**

　毎度同じ書き出しで恐縮ですが、ここシーマアパレルでも、新しい働き方

が浸透し、テレワークで働く人が少なくありません。出社している場合でも、たとえ隣の部屋にある部署であっても、直接訪問するのではなく、まずはできるだけメールでやりとりすることになっています。

センガク ああ、そうか。但馬さんはデザインやっているからMacを使っているんだったね。へえー、自分で実行環境を作ったのか。でも、うちにはMacなんてないから検証できないよ

麻美 Macだと、どんな問題が出るのかしら？

センガク そりゃ、OS、日本語では基本ソフトとか呼ばれたりするオペレーティングシステムが違うんだから、いろいろあるだろうね。合理化推進室にはMacがないから検証できませんって返信しといてよ

麻美 えー、但馬さんてダンディなおじさんよ。助けてあげてよ、センガク

センガク ダンディかどうかは関係ないよ

麻美 メールに続きがあるわ。なになに、どうも調べてみたところ、フォルダやファイルを開いたり、参照するところでエラーが発生しているようですって、さすがダンディーだわ

センガク だから、ダンディーは関係ないって。わかったよ。調べてみるよ

　但馬さんのようにデザインを仕事にしている人やプログラマとして仕事をしている人、あるいは仕事ではなくてもプログラミングに本格的に取り組んでいる人の場合、Macintoshパソコン（通称Mac）を使っている人のほうが多いようです。ビジネスパーソンのほとんどがWindowsパソコンを使っているのとは対照的です。

　その場合、特にファイルを指定するような記述で、OSの違いを考えなければなりません。たとえば

```
wb = openpyxl.load_workbook(r"..\data\sample.xlsx")
```

のようなワークブックを開くコードには、ファイルを指定する「..\data\sample.xlsx」のような記述が必ず出てきます。本書ではWindows環境を

想定しているので、フォルダとフォルダ、フォルダとファイルを区切るのに使用する文字 [*3] はバックスラッシュ (\ もしくは￥) ですが、Mac や Linux ではパス区切り文字はスラッシュ (/) です。

　ですから、Windows 用のプログラムをそのまま実行すると、

```
FileNotFoundError: [Error 2]No such file or
directory:
```

が発生してしまいます (下の図の①)。

図4-22　**Macでエラーが発生したので、pwdコマンドでカレントディレクトリを確認したところ**

　Macでは、"..\data\sample.xlsx"のバックスラッシュを"../data/sample.xlsx"のように / (スラッシュ) に変えれば実行できます。

　相対パスの考え方はMacでも同じですし、パスに日本語のディレクトリが含まれても大丈夫です。カレントディレクトリはターミナルからpwdコマンドで確認してください (上の図の②)。

> センガク　パス区切り文字くらいならググればわかるけど、実行環境をどこまでサポートするかは難しいよね。MacならまだしもLinuxなんて言われたら、いろいろ種類があってテストするのも大変だからね
>
> 麻美　なるほど、どんな環境をサポートするか決めるのは難しいのね

---

*3　これを「パス区切り文字」ということもあります。

Chapter 5

データを集計する処理を作る

データを抽出、並べ替え、
集計するプログラム③

第4章では商品コードの上10桁で抽出したExcelブック（抽出済デー
タ.xlsx）のシートから、すべての行を読み込み、各行ごとに各列の値を項目
名とのキーバリューペアとして、1行分の情報を辞書として作成。その辞書
をもとにした各行のデータをすべてリストに追加しました。実際に取得した
データを見てみましょう。

```
{'出荷伝票No': 320354, '出荷日付': datetime.
datetime(2020, 10, 12, 0, 0), '得意先コード': 7, '得意先
名': 'タナカ', '担当者
コード': 2003, '担当者名': '三谷', '出荷先コード': 7011,
'出荷先名': 'タナカ新宿店', '明細No': 1, '商品コード':
'M8100011011', '品名': 'アーノルドパーカー', 'サイズ': 'S',
'数量': 20, '単価': 3500, '金額': 70000}
```

　これが1行分のセルを、項目名＋セルの値の組み合わせですべて書き出し
たデータです。これがシートに入力してある行数分だけリストに追加されて
いるのですね。ということはこの時点で、

```
[{1行分のキーバリューペア},{1行分のキーバリューペア},{1行分のキー
バリューペア},……]
```

というリストがパソコンのメモリ上に作成されるわけです。
　そのリストをsorted関数の第1引数に指定し、第2引数に
key=itemgetter("出荷先コード", "出荷日付")のように指定すれば、出荷
先コードを第一優先キー、出荷日付を第二キーで並べ替えた結果を返してく
れます。前章では、ここまで実現するプログラムを作成しました。
　さて本章では出荷数量と出荷金額を集計します。まずは出荷数量から集
計していきましょう。

出荷数量を集計する

　話を第3章に戻して、このプログラムの意図を振り返っておきましょう。思い出してください。今回のプログラムは、欠陥のある商品が見つかったので、返品手配のために出荷先別に商品別の出荷数を調べる必要があるというところから開発が始まりました。ファスナーの持ち手の部分がポキポキ折れるという欠陥が見つかったのは、商品としては一つだけなのですが、同じ商品でもサイズが異なるとデータ上は違う商品コードとして扱われます。具体的には全部で11桁が用意されている商品コードのうち、最終桁がサイズに割り当てられています。サイズ別に出荷数を知るには、商品コードも並べ替えのキーに含めないといけません。かつ時系列に並べたければ、出荷日付が第3のキーになります。つまり、集計前の下処理として、

```
sorted(shipment_list, key=itemgetter("出荷先コード", "商
品コード", "出荷日付"))
```

のようにするわけです。

　これらの並べ替えキーのことをプログラマはソートキー(sort key)と呼ぶことが多いですね。

　さっそく、プログラムを作っていきたいのですが、いきなり出荷先コードごとに別シートに転記して、商品コードで数量を集計するプログラムは複雑過ぎて、どのように作ればいいか、頭を抱えてしまう人もいるかもしれません。そういうときはいきなり全体をどうするか考えるのではなく、大まかな処理ごとに分けて、順々に作っていくとうまくいきます。小さなプログラムとして作っておいて、あとからまとめ上げていくというイメージです。

　そこで、出荷先別にすることは後回しにして、まずは商品コードだけで数量を集計するプログラムを作りましょう。このプログラムではキーブレイク

（キー割れ）処理という古典的なプログラミングのテクニックを使うのですが、キーブレイク処理自体も慣れていない人には難しく見えるので、集計は後回しにして出力シートへの転記処理をまず作成し、それをキーブレイク集計に発展させます。

　もう一度、第4章のプログラムで書き出した抽出済みデータを見ておきます。

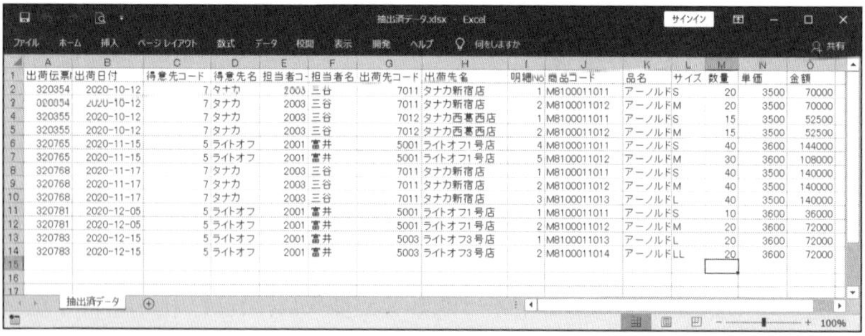

図5-1　「抽出済データ」シート

　このデータをもとに、まずは以下のようなプログラムを作ってみました。

プログラム5-1　sum_quantity1.py

```
1   import openpyxl
2   from operator import itemgetter
3
4   wb = openpyxl.load_workbook(r"..\data\抽出済デー
    タ.xlsx")
5   sh = wb.active
6
7   #辞書のリストを作る
8   shipment_list = []
```

```python
 9  for row in sh.iter_rows():
10  ├──→ if row[0].row == 1:
11  ├──→├──→ header_cells = row
12  ├──→ else:
13  ├──→├──→ row_dic = {}
14  ├──→├──→ # zip 複数のリストの要素を取得する
15  ├──→├──→ for k, v in zip(header_cells, row):
16  ├──→├──→├──→ row_dic[k.value] = v.value
17  ├──→├──→ shipment_list.append(row_dic)
18
19  #まず、商品コード別の集計表を作る
20  sorted_list_a = sorted(shipment_list,
                   key=itemgetter("商品コード", "出荷日付"))
21
22  owb = openpyxl.Workbook() #出力ファイル 出荷数量集計.xlsx
23  osh = owb.active
24  osh.title = "商品コード別数量"
25  list_row = 1
26
27  osh.cell(list_row,1).value = "商品コード"
28  osh.cell(list_row,2).value = "日付"
29  osh.cell(list_row,3).value = "品名"
30  osh.cell(list_row,4).value = "サイズ"
31  osh.cell(list_row,5).value = "数量"
32  osh.cell(list_row,6).value = "合計"
33
34  for dic in sorted_list_a:
35  ├──→ list_row += 1
36  ├──→ osh.cell(list_row,1).value = dic["商品コード"]
```

```
37  ├──→ osh.cell(list_row,2).value = dic["出荷日付
                                        "].date()
38  ├──→ osh.cell(list_row,3).value = dic["品名"]
39  ├──→ osh.cell(list_row,4).value = dic["サイズ"]
40  ├──→ osh.cell(list_row,5).value = dic["数量"]
41
42  owb.save(r"..\data\出荷数量集計.xlsx")
```

　このプログラムでは、抽出済データ.xlsxの抽出済データシートの内容を先ほど説明したような辞書のリストとして読み込み、出荷数量集計.xlsxに出力します。

　少し長いと思うかもしれませんが、特に新しいコードは使っていません。ここまでで説明してきたコードを、データに合わせてアレンジしたものばかりです。5行目までの、ライブラリをインポートし、読み込み元のファイルを開いて、対象のデータがあるワークシートを指定するところまでは、ここまででも何度か出てきましたね。それに続く辞書のリストを作る処理（8〜20行目）については前章の説明を参照してください。

　辞書のリストを書き出す処理からは、じっくり見ていきましょう。

　22行目でopenpyxl.Workbook()で新しいワークブックオブジェクトを作成し、owb.activeで自動的に作成されるワークシートを選択（23行目）したあと、osh.title = "商品コード別数量"とタイトルプロパティに文字列「商品コード別数量」を代入しています（24行目）。この記述でワークシートに名前を付けることができます。

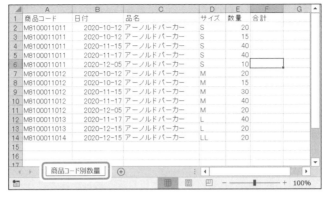

図5-2　**最終的に出力されたファイルのワークシート名**

　25行目から32行目は、書き出し先のワークシートの1行目に対して、セル
A1、B1、C1……にそれぞれ、「商品コード」から順に項目名を入力しています。
これにより、1行目が項目行になります。

　34行目の繰り返し処理で、20行目で定義した変数sorted_list_aを使い
ます。これは、全データを「商品コード」（第1優先キー）、「出荷日付」（第2
優先キー）でソートしたデータです。

```
for dic in sorted_list_a:
```

とすることで、並べ替えたデータであるsorted_list_aから1行分の辞書を
変数dicに取り出します。

　繰り返し処理の中では、まず書き込み先の行を1つ下にずらします（35行
目）。これによりワークシートの2行目以降に1行ずつデータを書き込んでい
けます。

　データの取得と書き込みは、36行目から40行目です。変数dicから
dic[キー名]で「商品コード」「出荷日付」「品名」「サイズ」「数量」「合計」の
キーそれぞれの値を取得します（各行の右辺）。それを各行の左端から順に
並んだ各セルオブジェクトの値として代入します（各行の左辺）。これが、も
とのデータを並べ替え、必要な項目を選択して、ワークシート「商品コード別

数量」（24行目で名前を付けましたね）に書き込んでいます。

最後に、22行目で開いた新規のワークブックを、owb.save()というワークブックのsaveメソッドでdataディレクトリに「出荷数量集計.xlsx」として保存します。ここまでが集計プログラムを開発する第1段階です。

並べ替え処理を集計処理にグレードアップ

この処理を元に、数量の集計処理を作成していきます。商品コードのキーブレイク、つまり商品コードを集計キーとしてキー割れが起きたら、合計列に商品コードごとの数量を書き込みます。キー割れとは先に読み込んだキーと違うキーが現れることです。データを読み込みながらキー割れを認識した時点で、プログラムは集計の対象が切り替わると認識できます。これが、集計前に並べ替えをする理由です。集計対象を切り替えるコードをシンプルにできるのが利点です。

この場合は商品コードがキーです。変更するのは、sum_quantity1.pyの36行目のfor文の前後です。まず、今の時点のコードを見ておきましょう。

プログラム5-2　**sum_quantity1.py（再掲）。商品コードのキーブレイクで数量を
集計する処理を記述する前**

```
32  osh.cell(list_row,6).value = "合計"
33
34  for dic in sorted_list_a:
35      list_row += 1
36      osh.cell(list_row,1).value = dic["商品コード"]
```

sum_quantity1.pyでは、商品コード、出力日付の順に出力シートに転記しています。ここからは、この転記処理と同時に商品コードのキーブレイクで数量を集計するように変更してみましょう。処理結果としては、同じ商品コードがまとまって表示された最後の行に、数量の合計を出力したいと思います。

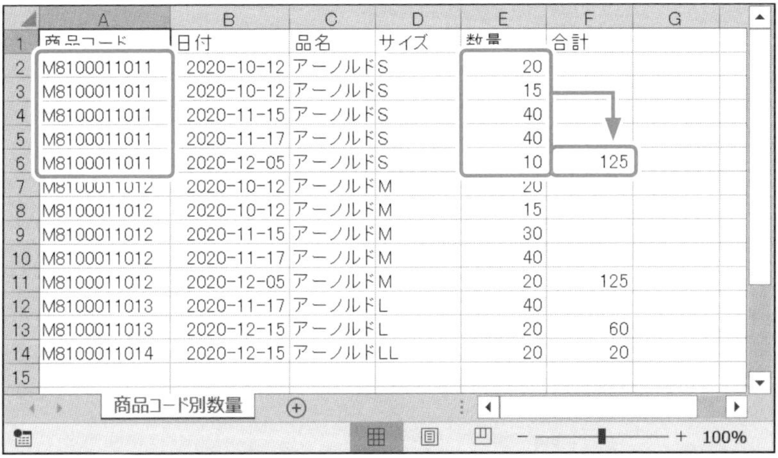

	A	B	C	D	E	F	G
1	商品コード	日付	品名	サイズ	数量	合計	
2	M8100011011	2020-10-12	アーノルド	S	20		
3	M8100011011	2020-10-12	アーノルド	S	15		
4	M8100011011	2020-11-15	アーノルド	S	40		
5	M8100011011	2020-11-17	アーノルド	S	40		
6	M8100011011	2020-12-05	アーノルド	S	10	125	
7	M8100011012	2020-10-12	アーノルド	M	20		
8	M8100011012	2020-10-12	アーノルド	M	15		
9	M8100011012	2020-11-15	アーノルド	M	30		
10	M8100011012	2020-11-17	アーノルド	M	40		
11	M8100011012	2020-12-05	アーノルド	M	20	125	
12	M8100011013	2020-11-17	アーノルド	L	40		
13	M8100011013	2020-12-15	アーノルド	L	20	60	
14	M8100011014	2020-12-15	アーノルド	LL	20	20	
15							

図5-3　**商品コードで合計するようにプログラムを改変したい**

プログラムの開発段階が進んだので、ここでプログラム名をsum_quantity2.pyとして新たに保存しておきましょう。改変のポイントは、キー（つまり商品コード）を読み込み、直前の行で読み込んだキーと同じか、違うかを判断する処理を入れることです。これにより、キー割れが起きていないか、キー割れが起きたかを識別できます。

データの転記と同時に数量の累計を求める処理を入れたところもポイントです。キー割れが起きたら、その時点での数量の累計を合計として出力します。そこで累計値もリセットすれば、次の商品コードの数量を合計することができます。

これを実装したのが、次のコードです。32行目までは変更はありません。

プログラム 5-3　合計処理を実装した sum_quantity2.py

```python
32  osh.cell(list_row,6).value = "合計"
33  #ここから修正
34  sum_q = 0
35  old_key = ""
36  for dic in sorted_list_a:
37  ├── if old_key == "":
38  ├──├── old_key = dic["商品コード"]
39
40  ├── if old_key == dic["商品コード"]:
41  ├──├── sum_q += dic["数量"]
42  ├── else:
43  ├──├── osh.cell(list_row,6).value = sum_q
44  ├──├── sum_q = dic["数量"]
45  ├──├── old_key = dic["商品コード"]
46
47  ├── list_row += 1
48  ├── osh.cell(list_row,1).value = dic["商品コード"]
49  ├── osh.cell(list_row,2).value = dic["出荷日付
                                  "].date()
50  ├── osh.cell(list_row,3).value = dic["品名"]
51  ├── osh.cell(list_row,4).value = dic["サイズ"]
52  ├── osh.cell(list_row,5).value = dic["数量"]
53
54  osh.cell(list_row,6).value = sum_q
55  #ここまで修正
56  owb.save(r"..\data\出荷数量集計.xlsx")
```

　まず、for in 文の前で2個の変数を作成します。一つは数量を集計するための変数sum_qで、初期値を0にします。そしてもう一つ、キーブレイクを判定するための変数old_keyを作り、初期値として空文字を入れます。そのうえでforループの中に入ります。

　forループでは、従来の記述の前に二つの条件分岐を追加しています。最初の条件分岐は、forループの1回目であることを判断し、old_keyに商品コードの値を入力するための処理です。

　最初の辞書をdicに読み込んだ直後では、old_keyは書き換えられていないので、

```
if old_key == ""
```

はTrueになります。その場合はこれがループの1回目であると判断して、

```
old_key = dic["商品コード"]
```

と記述することで、old_keyに最初の商品コードを入れます。そして、次の条件分岐に進みます。ここで、数量の計算とキー割れの判断をします。

　この時点では、直前の条件分岐でold_keyに最初の商品コードを入れたばかりのところなので、次の

```
if old_key == dic["商品コード"]
```

はTrueを返します。その場合には、sum_q += dic["数量"]で数量をsum_qに加算します（41行目）。そうすると条件分岐から抜けて、47行目から始まるセル情報の転記、つまり辞書からワークシートの2行目に、商品コード、出荷日付に始まり数量まで書き込む処理をします。これで繰り返し処理の1サイクルが終わるので、36行目に戻り、リストから次の辞書をdicに読み込みます。

　ここでは、図5-3のワークシートをもとにプログラムの動作を見ている

ので、データの並び順は図5-3と同じです。そうすると、次の行の商品コードはold_keyと同じです。このため40行目のif文ではTrueが返ってくるので、またsum_qに数量を加算します。このようにして、商品コードがM8100011011の辞書を5件読み込んで、シートに書き出す間に、sum_qの値は125になっています。

さらに次の行の辞書を読み込んだとき、商品コードはM8100011012に変わります。すると、40行目の条件分岐では

```
old_key == dic["商品コード"]
```

がFalseになります。これがキー割れが起きたことを示します。そのときはこれまでとは異なり、42行目からのelse側の処理が実行されます。

ここで必要な処理は、合計値を転記先のワークシートに書き込むことと、数量の合計を新たに計算し直すことです。

具体的にはsum_qを商品コードM81000011011の最終行の合計列に書き込みます（43行目）。続けて、商品コードM8100011012の最初の数量をsum_qに代入します（44行目）。さらに、old_keyをM8100011012に書き換えて、商品コードがM81000011012のデータを転記します。以降、また次の辞書を読み込んで集計する処理を、キー割れが起きるまで繰り返します。このようにして商品コードのキーブレイク処理で数量を集計していくわけです。

54行目を見てください。forループを抜けたあとにsum_qを合計列に書き込む処理がありますね。これは、一番最後に集計することになる商品コードのsum_qを書き込むための処理です。

これで、商品コードごとの数量を合計する方法はわかりました。でも、出荷先コード別に集計する処理がまだ手付かずで残っていますね。これを追加するにはどうしたら良いでしょうか？

二つのキーで集計を分ける処理を組み込む

出荷先コード別の集計も必要なら、出荷先コードと商品コードという二つのキーに対してキーブレイク処理で集計する方法が考えられます。でも、それではプログラムのロジック（論理）がかなり複雑になり、実装が大変になりそうです。もちろんそれでも実現はできますが、かなりプログラミングの経験を積まないと、簡単には作れそうにありません。そこで、シンプルなロジックになるよう、ここでは少し遠回りをしてでも難易度を上げないことを優先してプログラムを考えてみました。具体的にはこんな感じです。

まずは、これまでのプログラムで作成するワークシートを合計用シートとして商品コード、出力日付の順に辞書の内容を転記します。それから、それとは別に出荷先別のシートを作成し、商品コード、出力日付の順に転記、出力するという順番で処理することにしました。「遠回り」と書いたのは、いっぺんに処理するのではなく、順々に一つずつ片付けていくというイメージです。

具体的にはこういうコードになりました。

プログラム5-4 **出荷先別のワークシートも作成する sum_quantity3.py**

```
20   sorted_list_a = sorted(shipment_list,
     key=itemgetter("商品コード", "出荷日付"))
21
22   owb = openpyxl.Workbook() #出力ファイル 出荷数量集計.xlsx
23   osh = owb.active
24   osh.title = "商品コード別数量"
25   list_row = 1
26
27   osh.cell(list_row,1).value = "商品コード"
28   osh.cell(list_row,2).value = "日付"
29   osh.cell(list_row,3).value = "品名"
30   osh.cell(list_row,4).value = "サイズ"
```

```
31    osh.cell(list_row,5).value = "数量"
32    osh.cell(list_row,6).value = "合計"
33
34    for dic in sorted_list_a:
35    ├─→ list_row += 1
36    ├─→ osh.cell(list_row,1).value = dic["商品コード"]
37    ├─→ osh.cell(list_row,2).value = dic["出荷日付
                                            "].date()
38    ├─→ osh.cell(list_row,3).value = dic["品名"]
39    ├─→ osh.cell(list_row,4).value = dic["サイズ"]
40    ├─→ osh.cell(list_row,5).value = dic["数量"]
41
42    #出荷先別の集計表
43    sorted_list_b = sorted(shipment_list,
          key=itemgetter("出荷先コード", "商品コード", "出荷日付
                                                    "))
44
45    #出荷先別にシートに転記する
46    old_key = ""
47    for dic in sorted_list_b:
48    ├─→ if old_key != dic["出荷先コード"]:
49    ├─→├─→ old_key = dic["出荷先コード"]
50    ├─→├─→ osh_n = owb.create_sheet(title=dic["出荷先
                                            名"])
51    ├─→├─→ list_row = 1
52    ├─→├─→ for i in range(1,7):
53    ├─→├─→├─→ osh_n.cell(list_row,i).value = osh.
                              cell(list_row,i).value
54
```

```
55    ┝━━→ list_row += 1
56    ┝━━→ osh_n.cell(list_row,1).value = dic["商品コード"]
57    ┝━━→ osh_n.cell(list_row,2).value = dic["出荷日付
                                              "].date()
58    ┝━━→ osh_n.cell(list_row,3).value = dic["品名"]
59    ┝━━→ osh_n.cell(list_row,4).value = dic["サイズ"]
60    ┝━━→ osh_n.cell(list_row,5).value = dic["数量"]
61
62    owb.save(r"..\data\出荷数量集計.xlsx")
```

　辞書のリストを作る20行目までは、これまで見てきたsum_quantity1、sum_quantity2と共通なので、その先を見ていきましょう。sum_quantity3.pyで実装したいのは、次の図のように商品コードごとの合計用シートと出荷先コードごとのシートを作成することです。

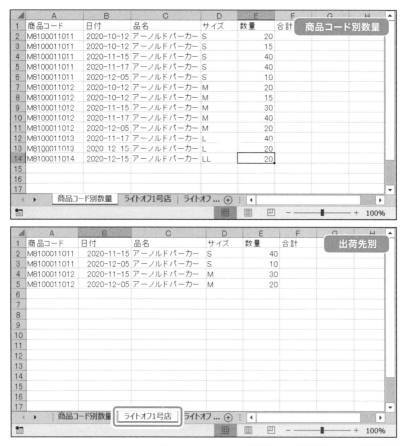

図5-4 **sum_quantity3.py で作るワークシート「商品コード別数量」と出荷先別のワークシート**

この状態までにしておけば、数量集計の機能はsum_quantity2.pyでどうコーディングすればいいのかはわかったので、ひとまず置いておいて、あとでまとめて追加することにできます。

実は、ワークシート「商品コード別数量」を作成する処理はsum_quantity1.pyと同じです。注目していただきたいのは、43行目、2番目に出てくるソート（並べ替え）です。ここで、出荷先コード、商品コード、出荷日付の順の優先度で辞書のリストを並べ替えます。そしてその結果を、sorted_ list_bに代入します。次に、出荷先別にシートを分けてデータを出力するために、出荷先コードをキーにキーブレイク処理を作成します。

今度のキーブレイク処理は先ほどのキーブレイク処理とは目的が違います。出荷先コードを第1優先キーに辞書のリストを並べ替えます。その状態で、出荷先コードごとに辞書データを読み込んでいきます。そして新しい出荷先コードを読み込んだら、新しいシートを作るためにキーブレイク処理をするようにします。

その部分について、具体的なコードを見てみましょう。

プログラム5-5　出荷先コードで新しいワークシートを作るキーブレイク処理

```
46   old_key = ""
47   for dic in sorted_list_b:
48   ├── if old_key != dic["出荷先コード"]:
49   ├──├── old_key = dic["出荷先コード"]
50   ├──├── osh_n = owb.create_sheet(title=dic["出荷先
                                             名"])
51   ├──├── list_row = 1
52   ├──├── for i in range(1,7):
53   ├──├──├── osh_n.cell(list_row,i).value = osh.
                                    cell(list_row,i).value
```

forループの前に46行目で、

```
 old_key = ""
```

としてold_keyを空にしておきます。47行目のforループで、sorted_list_bから辞書を読み込みdicに代入します。プログラムを最初に動作させたとき、old_keyは空なので、48行目の

```
if old_key != dic["出荷先コード"]
```

は条件が成り立つため、Trueを返します。比較演算子の!=は、「等しくない」
でしたね。old_keyは空なので、dic["出荷先コード"]ではありません。なの
で、条件式はTrueになるというわけです。

　そのときはold_keyに読み込んだ出荷先コードを代入します（49行目）。

　続けて50行目では、owb.create_sheetメソッドで新しいシートを作成
します。その際に引数を

```
title=dic["出荷先名"]
```

とすることで、出荷先名をシート名にしています。

　51行目では、その時点で出力側のシートの何行目に書き出しているかを
示すための変数list_rowを1にしています。続く52行目のfor rangeによ
る繰り返しは、osh（ワークシート「商品コード別数量」）から、50行目で作
成したワークシートに1行目の値をコピーする処理です。つまり、項目名をコ
ピーしているわけです。

　ここまで終わったら、list_rowに1加算して、各項目の値を書き込みます。
この処理は55〜60行目に当たりますが、これはsum_quantity1.pyで記述
したコード（35〜40行目）をそのまま使います。

　ここまで終わると、forループの次のサイクルに進みます。次の辞書データ
を再びdicに読み込み（47行目）、その出荷先コードとold_keyの値を比較
します（48行目）。同じなら同じシートの次の行に書き込みます。違う出荷
先コードが来たら、また新しいシートを作成するわけです。

　同じキーブレイク処理といっても、数量集計のときとやり方が違うでしょ
う。これがプログラムでロジックを作るときの難しさであり、おもしろさで
す。

集計処理を実装して完成

では、このプログラムに数量集計のロジックを組み込みましょう。これが数量集計プログラムの最終形、sum_quantity.pyになります。といっても、sum_quantity3.pyの最終行でowb.save()により書き出したワークシートを保存する処理の前に、商品コードでの集計処理を追加しただけのものです。

プログラム5-6　数量集計プログラムの完成形であるsum_quantity.py（追加した部分）

```
60  ├──→ osh_n.cell(list_row,5).value = dic["数量"]
61
62  #全シートをループする
63  #商品コードで集計する
64  for osh in owb:
65  ├──→ sum_q = 0
66  ├──→ old_key = ""
67  ├──→ for i in range(2, osh.max_row + 1):
68  ├──→├──→ if old_key == "":
69  ├──→├──→├──→ old_key = osh.cell(i,1).value
70  ├──→├──→ if old_key == osh.cell(i,1).value:
71  ├──→├──→├──→ sum_q += osh.cell(i,5).value
72  ├──→├──→ else:
73  ├──→├──→├──→ osh.cell(i-1,6).value = sum_q
74  ├──→├──→├──→ sum_q = osh.cell(i,5).value
75  ├──→├──→├──→ old_key = osh.cell(i,1).value
76
77  ├──→ osh.cell(i,6).value = sum_q
78
79  owb.save(r"..\data\出荷数量集計.xlsx")
```

60行目は直前のforループの最後の行です。この行は変更していません。sum_quantity3.pyではその次の62行目で、owb.save()を使ってデータを書き出したワークシートをブックとして保存する処理をしていました。その間に、数量を集計する処理を追加します。

ここまでで全体のデータを並べ替えたワークシート「商品コード別数量」と、取引先別に分けて書き出したワークシートとがあります。その全シートに対し、繰り返し処理により数量集計を実行しなければなりません。そこで、64行目の

```
for osh in owb
```

でワークブックから順にワークシートを取り出して、処理していきます。

繰り返す処理の中ではまず、数量集計用の変数sum_qを0にして、old_keyの値を空にします（65〜66行目）。

次にfor in range文を使って、各シートの2行目から最後の行までを対象に数量を集計します。old_keyが空文字のときは最初に処理する行なので、商品コードの値として

```
osh.cell(i,1).value
```

をold_keyに代入します（68〜69行目）。

次の70行目のif文で、old_keyと現在操作している行の商品コードが同じなら、数量をsum_qに集計します。old_keyと商品コードが違うとき、つまりキー割れしたときは、72〜75行目の記述でsum_qを合計列に書き込みます。ここで注目していただきたいのは73行目で、

```
osh.cell(i-1,6).value
```

と、行の指定をi - 1にしている点です。この時点ではループが進み、対象の行（i）は次に移っています。このため、キーである商品コードは変わってし

まっているので、商品コードごとの合計値を書き込む行は処理中の行ではありません。その一つ上の行になります。このため、書き込む位置の行番号を指定する引数でマイナス1する必要があるのです。

　商品コードがキー割れしているので、sum_qで集計する合計値もリセットする必要があります。そこでsum_qに新しい商品の数量を代入し、old_keyには新しい商品コードを代入します（74、75行目）。この一連の処理を、67行目のforループによりワークシート内で繰り返します。

　77行目は、最終行の処理を終えたときの動作です。このとき、67行目のforループからは抜けているのでiの値は増えません。そこで、今度は

```
osh.cell(i,6).value
```

にsum_qを代入します。

　これで商品コード別数量シートと各出荷先別シートに分けて出力するプログラムは完成です。実際に実行してみると、商品コードごとの数量合計が計算されていますね。これで出荷先別、商品別に出荷数量が集計できました。

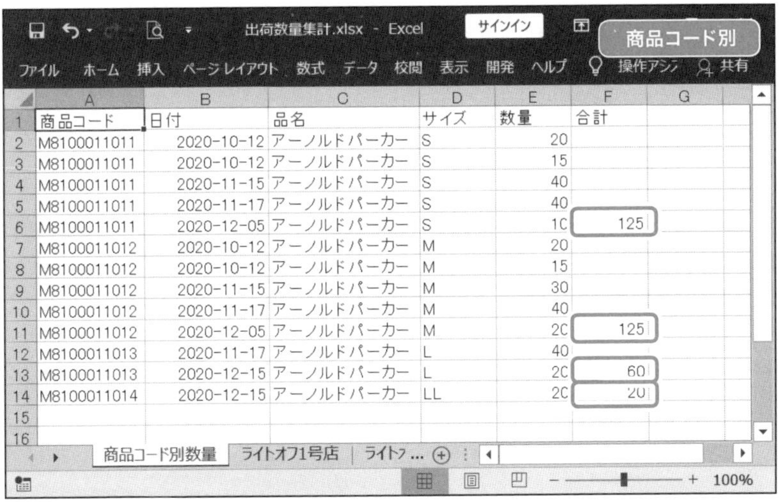

図5-5　**商品コードごとに集計できた**

図5-6　出荷別先のシートでもそれぞれ合計列が記入されている

出荷金額を集計する

　もう一度、シーマアパレルで発生したトラブル対策に話を戻しましょう。品質管理室の刈田室長から欠陥が見つかった商品の出荷数を出荷先別に集計してほしいと依頼されたセンガクは、出荷日付を見て、すでに請求してしまっているものがあるのではないかと気づきました。ひょっとしたら、すでに入金されているケースもあるのではないかとも疑っています。

　出荷は各得意先の店舗である出荷先が対象ですが、請求書は得意先ごとにまとめて、それぞれに決まっている締め日で集計して作成します。そうすると得意先ごとに対象の商品の請求済みの金額と入金済みの額を知りたいのですが、今から個々の得意先の締め日を調べて、締め日別に集計するプログラムを作っていたら、時間が掛かり過ぎるとセンガクは考えました[*1]。その代わりに、出荷日付順に累計を取っていけば、請求額と入金済の金額がほぼわかるのではないかと考えました。

　もとになるデータは、数量集計のときと同じデータを使います。つまり欠陥のある商品の出荷データを抽出した「抽出済データ.xlsx」です。ここから辞書のリストを作り、全体の商品コードごとの出荷金額の集計用シートと各得意先別のシートを作り、商品コードごとの出荷金額を集計していきます。

　プログラムの処理内容は、数量を集計するsum_quantity.pyとほとんど同じです。どこを書き換えれば想定する処理ができるのかを見るために、先に完成したプログラムを見てみましょう。

---

*1　本書で提供するサンプルファイルの場合、データを見渡しやすいよう得意先の数は絞り込んでいます。でも、実際の業務データではたくさんの得意先、多くのデータを扱っているため、こうした判断が重要になります。

```python
1    import openpyxl
2    from operator import itemgetter
3
4    wb = openpyxl.load_workbook(r"..\data\抽出済デー
                                         タ.xlsx")
5    sh = wb.active
6
7    #辞書のリストを作る
8    shipment_list = []
9    for row in sh.iter_rows():
10       if row[0].row == 1:
11           header_cells = row
12       else:
13           row_dic = {}
14           # zip 複数のリストの要素を取得する
15           for k, v in zip(header_cells, row):
16               row_dic[k.value] = v.value
17           shipment_list.append(row_dic)
18
19   #まず、商品コード別のシートを作る
20   sorted_list_a = sorted(shipment_list,
             key=itemgetter("商品コード", "出荷日付"))
21
22   owb = openpyxl.Workbook() #出力ファイル 出荷金額集計.xlsx
23   osh = owb.active
24   osh.title = "商品コード別金額"
25   list_row = 1
26
```

```
27  osh.cell(list_row,1).value = "商品コード"
28  osh.cell(list_row,2).value = "日付"
29  osh.cell(list_row,3).value = "品名"
30  osh.cell(list_row,4).value = "サイズ"
31  osh.cell(list_row,5).value = "金額"
32  osh.cell(list_row,6).value = "累計"    ……①
33
34  for dic in sorted_list_a:
35  ├─→ list_row += 1
36  ├─→ osh.cell(list_row,1).value = dic["商品コード"]
37  ├─→ osh.cell(list_row,2).value = dic["出荷日付
                                      "].date()
38  ├─→ osh.cell(list_row,3).value = dic["品名"]
39  ├─→ osh.cell(list_row,4).value = dic["サイズ"]
40  ├─→ osh.cell(list_row,5).value = dic["金額"]
41
42  #得意先別の集計表
43  sorted_list_b = sorted(shipment_list,
    key=itemgetter("得意先コード", "商品コード", "出荷日付
                                      "))
44
45  #得意先別にシートに転記する
46
47  old_key = ""
48  for dic in sorted_list_b:
49  ├─→ if old_key != dic["得意先コード"]:
50  ├─→├─→ old_key = dic["得意先コード"]
51  ├─→├─→ osh_n = owb.create_sheet(title=dic["得意先
                                      名"])
```

```
52    │──→│──→ list_row = 1
53    │──→│──→ for i in range(1,7):
54    │──→│──→│──→ osh_n.cell(list_row,i).value = osh.
                        cell(list_row,i).value
55
56    │──→ list_row += 1
57    │──→ osh_n.cell(list_row,1).value = dic["商品コード"]
58    │──→ osh_n.cell(list_row,2).value = dic["出荷日付
                        "].date()
59    │──→ osh_n.cell(list_row,3).value = dic["品名"]
60    │──→ osh_n.cell(list_row,4).value = dic["サイズ"]
61    │──→ osh_n.cell(list_row,5).value = dic["金額"]
                                            ……②
62
63    #全シートをループする
64    #商品コードで集計する
65    for osh in owb:
66    │──→ sum_q = 0
67    │──→ old_key = ""
68    │──→ for i in range(2, osh.max_row + 1):
69    │──→│──→ if old_key == "":
70    │──→│──→│──→ old_key = osh.cell(i,1).value
71    │──→│──→ if old_key == osh.cell(i,1).value:
72    │──→│──→│──→ sum_q += osh.cell(i,5).value
73    │──→│──→ else:
74    │──→│──→│──→ sum_q = osh.cell(i,5).value
75    │──→│──→│──→ old_key = osh.cell(i,1).value
76    │──→│──→ osh.cell(i,6).value = sum_q    ……③
77
```

```
78    owb.save(r"..\data\出荷金額集計.xlsx")
```

　違いのある記述を中心に説明します。まず、項目名を「合計」でなく「累計」にしているところが違います（32行目の①）。そして、数量ではなく金額を集計しています（61行目の②）。

　注目してほしいのは76行目の③です。その行までの累計を累計列に記入しています。その上のキーブレイク処理では単に、その行の金額をsum_qに加算するか、あるいは代入するかの判断だけをしています。

図5-7　「**商品コード別金額**」シートに入力された累計額

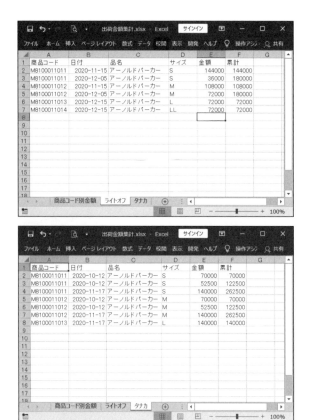

図5-8　**出荷先別シートにも累計の列が作られている**

　このように日付順に累計を取っておけば、商品ごとの請求済み金額、入金済み金額がわかりやすいですね。プログラムでここまでのデータを作成できれば、あとは現場で必要に応じて好きなようにデータを利用できます。最終的に書き出すのはExcelファイルです。このファイルを現場に渡しましょう。たとえばある特定の得意先で、特定の期間の合計を求めたいといったときは、「自分で数式や関数を使って、好きなように集計してください」と伝えられます。

　このようにキーブレイクを使うといろいろな集計ができます。

VSCodeのもっと賢い使い方

　麻美さんが自分で作成中のプログラムと格闘しているのを見たセンガクが口をはさみました。

センガク　麻美クン、Visual Studio Code を勉強してみないか

麻美　なに気取っているんですか。センガク室長

センガク　いや、Visual Studio Code って高機能だから、一度ちゃんと勉強した方がいいと思ってさ

麻美　でも、たかがツールでしょ。プログラムを入力して実行できればそれでいいじゃないの

センガク　そう、ボクも以前はそう思っていたよ。プログラムの勉強に手一杯で、開発環境の勉強に時間をかけようなんて思わなかったさ。でも、意味があるんだよ

麻美　そうなの。どんな風に?

センガク　コードの編集が速くなるだけじゃなくて、プログラムの実行前に文法のチェックができたり、デバッグ機能を使うと、1行ずつコードを実行できるから、プログラムの動作がより明確に理解できるのさ、麻美クン

麻美　やっぱり今日は気取っているのね、センガク。でも、なんか興味湧いてきた。勉強してみるわ

　センガクの言うとおり、Visual Studio Code (VSCode) は使えば使うほど便利な機能があることがわかって驚かされます。たとえばショーカットキーを覚えるとプログラムの編集がはかどります。リントという静的解析ツールは単なる文法チェック以上の細かいチェックをしてくれるので、プログラムの品質も向上します。

　でも、何といってもプログラムが実際に動作している様子がわかるデバッ

グ機能を使えるようになると、プログラミングに自信が持てます。ここでは、プログラミング初心者にぜひお薦めしたい便利機能として、デバッグ機能を紹介したいと思います。

デバッグ機能のカンどころ

実は、本章で紹介したキーブレイクは、便利な半面、どこかで何かを間違えるとはまりやすい処理の一つです。sum_quantity.pyで実装した商品コードによる集計を分ける処理を例に、VS Codeのデバッグ機能をどう使えばいいか、ご紹介しましょう。

まず、合計を計算する前の「商品コード別数量」シートを見てください。

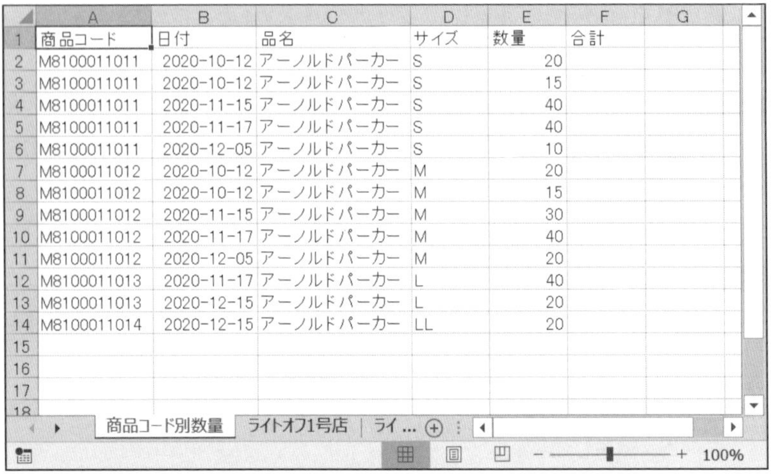

	A	B	C	D	E	F	G
1	商品コード	日付	品名	サイズ	数量	合計	
2	M8100011011	2020-10-12	アーノルドパーカー	S	20		
3	M8100011011	2020-10-12	アーノルドパーカー	S	15		
4	M8100011011	2020-11-15	アーノルドパーカー	S	40		
5	M8100011011	2020-11-17	アーノルドパーカー	S	40		
6	M8100011011	2020-12-05	アーノルドパーカー	S	10		
7	M8100011012	2020-10-12	アーノルドパーカー	M	20		
8	M8100011012	2020-10-12	アーノルドパーカー	M	15		
9	M8100011012	2020-11-15	アーノルドパーカー	M	30		
10	M8100011012	2020-11-17	アーノルドパーカー	M	40		
11	M8100011012	2020-12-05	アーノルドパーカー	M	20		
12	M8100011013	2020-11-17	アーノルドパーカー	L	40		
13	M8100011013	2020-12-15	アーノルドパーカー	L	20		
14	M8100011014	2020-12-15	アーノルドパーカー	LL	20		
15							
16							
17							

図5-9　**合計を計算する前の商品コード別数量シート**

このワークブックには出荷先別のワークシートも複数作成されていますが、最初に処理されるのは「商品コード別数量」シートなので、このワークシートの処理をサンプルにします。

まず、プログラムにブレークポイントを設定します。ブレークポイントとはプログラムの進行を一時停止させる位置です。

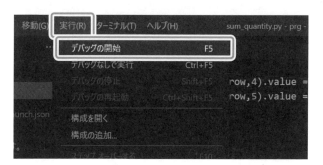

　ソースコードの一時停止させたい行の左端をクリックするか、行にカーソルを置いた状態でF9キーを押すとブレークポイントを設定できます。トグルになっていますので、もう一度、同じ操作をするとブレークポイントを解除できます。ここでは、for i in range()の行にブレークポイント設定しました。すると、行番号（ここでは67）の左側に丸いマークが付きます。

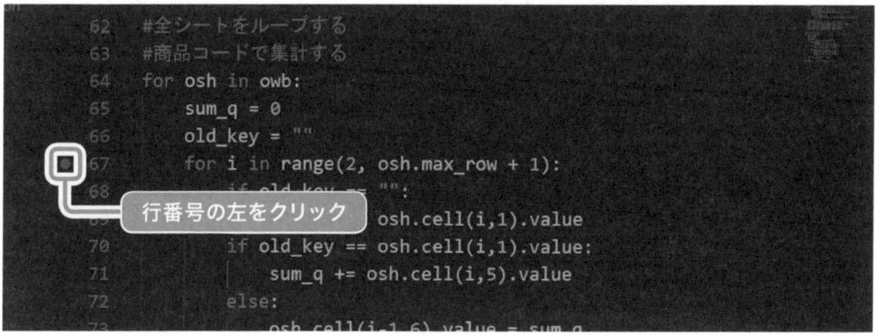

図5-10　**一時停止させたい行の左端をクリック**

　この状態で「実行」メニューから、「デバッグの開始」で実行します。

図5-11　**メニューバーの「実行」→「デバッグの開始」を選択**

　「Select a debug configuration」というメッセージとデバッグ用の設定の一覧が表示されるので、Python Fileを選びます。

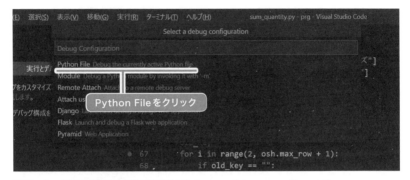

図5-12 デバッグの設定を選択するSelect a debug configuration

　デバッグビューに切り替わり、変数の値を確認するビューや、プログラムの
実行をコントロールするボタンが表示されます。

図5-13 変数の内容を確認する変数ビュー

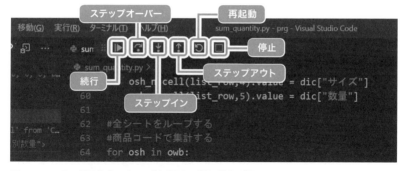

図5-14　プログラムをステップ実行する際に使うボタン

　たとえば、左上の変数ビューで変数の値がどうなっているかを見ることができます。ステップ実行のボタンは左から順に続行、ステップオーバー、ステップイン、ステップアウト、再起動、停止です。ステップオーバーもしくはステップイン[*2]でプログラムを1行ずつ進めます。

```
65      sum_q = 0
66      old_key = ""
67      for i in range(2, osh.max_row + 1):
68          if old_key == "":
69              old_key = osh.cell(i,1).value
70          if old_key == osh.cell(i,1).value:
71              sum_q += osh.cell(i,5).value
```

```
65      sum_q = 0
66      old_key = ""
67      for i in range(2, osh.max_row + 1):
68          if old_key == "":
69              old_key = osh.cell(i,1).value
70          if old_key == osh.cell(i,1).value:
71              sum_q += osh.cell(i,5).value
```

図5-15　ステップオーバーで1行進めたところ

＊2　ステップオーバーとステップインの違いは、関数を呼び出す行でステップオーバーを実行すると、関数を実行して結果を返すだけなのに対して、ステップインはその関数の内部の処理にも入っていきます。呼び出す関数の動作まで調べる必要がないときはステップオーバーを使います。

前の図は、ステップオーバーでプログラムを1行進めたところです。変数
ビューでold_keyを探すと値が「' '」（空の状態）になっていました。もう一度、
ステップオーバーをクリックして行を進めましょう。

```
64    for osh in owb:
65        sum_q = 0
66        old_key = ""
 ● 67        for i in range(2, osh.max_row + 1):
68            if old_key == "":
▷ 69                old_key = osh.cell(i,1).value
70            if old_key == osh.cell(i,1).value:
71                sum_q += osh.cell(i,5).value
72            else:
```

図5-16　**old_key == "" が成り立つ**

　old_key == "" が成り立つので、old_key = osh.cell(i,1).value の行に来
ました。もう一度、ステップオーバーを選びます。そして、変数ビューを見て
ください。

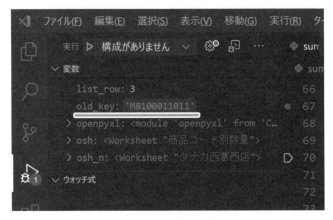

図5-17　**old_keyが'M8100011011'になった**

　ここで、図5-8の2行目の'M8100011011'がold_keyに代入されたこと
がわかります。

処理によっては、ステップオーバー、ステップインで1行ずつ実行する必要はなく、一気に進めたいということもあるでしょう。そのときは、続行することで次のブレークポイントまで進められます。

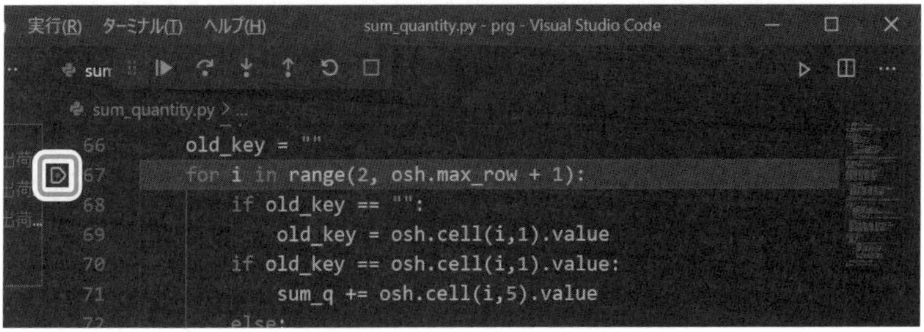

図5-18　**forループの先頭に来た**

　すると、forループの残りの処理を終えて、forループの先頭に戻って停止しました。その証拠に、変数ビューではsum_qに最初の行の数量20が入っていることが確認できます。

　ブレークポイントはデバッグの実行中でも追加したり、解除したりすることができます。

　では、実際にキーブレイクの処理を確認するときに、デバッグ機能を使ってみます。

　商品コードが'M8100011011'のデータの行を処理し終わってから、'M8100011012'の行を初めて読み込んだときにキーブレイクが発生するはずです。そこで、for文のブレークポイントをクリックして解除し、キーブレイクが発生したときに実行されるelse側のコード（ここでは74行目）にブレークポイントをあらためて追加しました。

```
 66     old_key = ""
 67     for i in range(2, osh.max_row + 1):
 68         if old_key == "":
 69             old_key = osh.cell(i,1).value
 70         if old_key == osh.cell(i,1).value:
 71             sum_q += osh.cell(i,5).value
 72         else:
 73             osh.cell(i-1,6).value = sum_q
 74             sum_q = osh.cell(i,5).value
 75             old_key = osh.cell(i,1).value
```

図5-19　else側の74行目にブレークポイントを追加して、for文のブレークポイントを解除した

　else側のブレークポイントで処理が止まったら、「ステップオーバー」ボタンを押し、変数を確認してみましょう。

図5-20　sum_qの値が125になった

　sum_qの値が125になりました。商品コードM8100011011の数量の合計は125でしたね。これで、プログラムが想定した通りに動いていることが確認できました。逆に、どこかの変数が想定していたのと異なる値だった場合、その変数を扱う記述に間違いがあるとわかります。これで、修正箇所を見つける手間をかなり減らせます。

コードに問題がないとわかれば、ブレークポイントを全部解除して、続行ボタンをクリックするとプログラムは最後まで実行されます。停止ボタンで途中で止めることもできます。

ここまでの操作では、デバッグ実行するたびに、Debug Configurationの選択をしなければならないところがちょっと不便です。そこで、launch.jsonファイルを作成します。これは、デバッグ設定を保存したファイルです。ブレークポイントを作成したときに、画面左側に「launch.jsonファイルを作成します」というリンクが表示されます。このリンクをクリックして、launch.jsonファイルを作成しておきましょう。

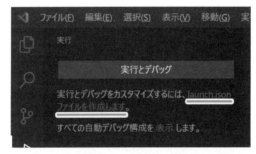

図5-21 「launch.jsonファイルを作成します」のリンクをクリックする

リンクをクリックすると、デバッグを開始するときと同様にデバッグ設定の一覧が表示されので、Python Fileを選びます。

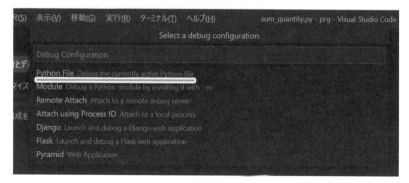

図5-22　**Select a debug configurationでPython Fileを選ぶ**

　これでlaunch.jsonファイルがカレントディレクトリの.vscodeサブディレクトリに作成されます。以降は、デバッグを実行するたびにDebug Configurationを選択する手間を省けます[*3]。

```
1  {
2      // IntelliSense を使用して利用可能な属性を学べます。
3      // 既存の属性の説明をホバーして表示します。
4      // 詳細情報は次を確認してください: https://go.microsoft.com/
5      "version": "0.2.0",
6      "configurations": [
7          {
8              "name": "Python: Current File",
9              "type": "python",
10             "request": "launch",
11             "program": "${file}",
12             "console": "integratedTerminal"
13         }
14     ]
```

図5-23　**launch.jsonファイルが作成される**

[*3] 「フォルダーを開く」で別のフォルダを選択するなどして、カレントディレクトリを変更した場合は、あらためてlaunch.jsonファイルの作成が必要になります。

デバッグは、トライ＆エラーでコードを修正していくときに、頻繁に使う機能です。ぜひ活用することをお薦めします。

> 刈田 センガク、センガク、大変だ！助けてくれ

> センガク 刈田さん、またっすか？　ああ、それより直接来るのなら、マスクしてくださいね

> 刈田 それよ、それ。いろいろ作ったり、輸入したりしたじゃないマスク。布マスクやシルクのマスクやら、蒸れないマスクやらお肌ひんやりマスクとか

> 麻美 もう、マスク屋さんかい！って感じでしたね。でも、洋服の売り上げが下がった分をマスクが埋めてくれましたよね

> 刈田 うん、そうなんだけど、実は……

> センガク えっ、こんどはマスクに欠陥ですか？

> 刈田 匂いがするって言うんだよ。また回収しなくちゃいけない。センガク室長、すぐ集計してくれるか？

> センガク ええ、今日中にやりますよ。商品コード教えてください

> 刈田 それが、商品コードがたくさんあるんだよ。大丈夫か？

> センガク 大丈夫ですよ。この前作ったプログラムがわりとそのまま使えますから

新たな問題が発生ですか。大変そうですね。ではさっそく取りかかりましょう。

さて、匂いがするという原因で回収することになったマスクは、サイズがS、M、Lの3種類、デザインが女性用と男性用があり、サイズが小さめなキッズ用もありました。商品コードをすべて並べるとW9100000101、W9100000102、W9100000103、W9100000111、W9100000112、W9100000113、W9100000311、W9100000312、W9100000313、M9100000101、M9100000102、M9100000103、M9100000111……と続きますが、商品コードのサイズを除く上10桁で抽出するので、W910000010、W910000011、W910000031、M910000010、M910000011、M910000031、K910000010、K910000011、K910000031の9個のコードを対象とすれば良さそうです。

該当データの抽出は、第3章で作成したdata_extract.pyですでに実装しているので、これを修正して流用することにします。

　第3章のdata_extract.pyでは返品対象の商品コードか否かを以下のようにスライスを使って商品コードの上10桁を切り出し、文字列"M810001101"と比較して判断していました。

プログラム5-8　**第3章で作成したdata_extract.py**

```
 9    for row in sh.iter_rows():
10    │ → if row[9].value[:10] == "M810001101" or list_
                                      row == 1:  ……①
11    │──→│──→ for cell in row:
12    │──→│──→│──→ if cell.col_idx == 2 and list_row != 1:
13    │──→│──→│──→ osh.cell(list_row,cell.col_idx).
                                value = cell.value.date()
14    │──→│──→│──→ else:
15    │──→│──→│──→ osh.cell(list_row,cell.col_idx).
                                value = cell.value
```

　上記のコードの①で、スライスによる切り出しをしています。ここを書き換えれば、複数の商品コードの上10桁と比較できそうです。そう考えて書き換えたのが、次のコードです。

プログラム5-9　複数種類の商品コードに対応した data_extract.py

```
1    import openpyxl
2
3    mask_tuple = ("W910000010","W910000011","W910000031
                                   ","M910000010",
4    ├──→ "M910000011","M910000031","K910000010","K910000
                                   011","K910000031")  ……①
5
6    wb = openpyxl.load_workbook(r"..\data\出荷デー
                                   タ.xlsx") #入力ファイル
7    sh = wb["出荷データ"]
8
9    owb = openpyxl.Workbook() #出力ファイル 抽出済データ.xlsx
10   osh = owb.active
11   list_row = 1
12   for row in sh.iter_rows():
13   ├──→ if (row[9].value[:10] in mask_tuple)  or list_
                                   row == 1:  ……②
14   ├──→├──→ for cell in row:
15   ├──→├──→├──→ if cell.col_idx == 2 and list_row != 1:
16   ├──→├──→├──→├──→ osh.cell(list_row,cell.col_idx).
                                   value = cell.value.date()
17   ├──→├──→├──→ else:
18   ├──→├──→├──→├──→ osh.cell(list_row,cell.col_idx).
                                   value = cell.value
19
20   ├──→├──→ list_row += 1
21
22   owb.save(r"..\data\抽出済データ.xlsx")
```

まず見ていただきたいのは、①の記述です（3〜4行目）。このように、調べたい商品コードの上10桁をタプルで列挙します。Pythonでは、本来なら1行のコードを複数行に分けて入力するときは、行継続子（¥）を使います。ただし、リストやタプル、辞書は例外です。この場合は行継続子を省略することができます。要素を区切るカンマのあとに改行を入れることで、非明示的な行継続になります。もちろん、明示的に行継続子を入れてもかまいません。タプルはリストと違いイミュータブルなので、値を変更できません。あとから値を変更する必要がない場合はタプルを使います。このタプル（mask_tuple）と、「出荷データ」シートの商品コードの値を比較していきます。

	A	B	C	D	E	F	G	H	I	J	K	L	M	N	O
1	[illegible]	出荷日付	[illegible]	得意先名	[illegible]	担当者	出荷先コー	出荷先名	[illegible]	商品コード	品名	サイ	数量	単価	金額
2	320601	2020/3/10	7	タナカ	2003	三谷	7012	タナカ西葛西店	1	M9100000101	スタイリッシュマス:	S	100	1800	180000
3	320601	2020/3/10	7	タナカ	2003	三谷	7012	タナカ西葛西店	2	M9100000102	スタイリッシュマス:	M	100	1800	180000
4	320601	2020/3/10	7	タナカ	2003	三谷	7012	タナカ西葛西店	3	M9100000103	スタイリッシュマス:	L	100	1800	180000
5	320602	2020/3/11	2	大手ホールディン	1003	前原	2011	大手11号店	1	W9100000111	スタイリッシュマス:	S	200	1800	360000
6	320602	2020/3/11	2	大手ホールディン	1003	前原	2011	大手11号店	2	W9100000112	スタイリッシュマス:	M	200	1800	360000
7	320602	2020/3/11	2	大手ホールディン	1003	前原	2011	大手11号店	3	W9100000113	スタイリッシュマス:	L	200	1800	360000
8	320603	2020/3/12	5	ライトオフ	2001	富井	5002	ライトオフ2号店	1	M8100012002	ジップパーカー	M	20	3000	60000
9	320603	2020/3/12	5	ライトオフ	2001	富井	5002	ライトオフ2号店	2	M8100012003	ジップパーカー	L	20	3000	60000
10	320604	2020/3/12	3	北松屋チェーン	1005	間山	3001	北松屋与野店	1	K9100000311	キチンとマスク	S	15	1700	25500
11	320604	2020/3/12	3	北松屋チェーン	1005	間山	3001	北松屋与野店	2	K9100000312	キチンとマスク	M	15	1700	25500
12	320604	2020/3/12	3	北松屋チェーン	1005	間山	3001	北松屋与野店	3	K9100000313	キチンとマスク	L	15	1700	25500
13	320605	2020/3/12	3	北松屋チェーン	1005	間山	3002	北松屋和光店	1	K9100000311	キチンとマスク	S	15	1700	25500
14	320605	2020/3/12	3	北松屋チェーン	1005	間山	3002	北松屋和光店	2	K9100000312	キチンとマスク	M	15	1700	25500
15	320605	2020/3/12	3	北松屋チェーン	1005	間山	3002	北松屋和光店	3	K9100000313	キチンとマスク	L	15	1700	25500
16	320606	2020/3/12	3	北松屋チェーン	1005	間山	3003	北松屋狭山店	1	K9100000101	スタイリッシュマス:	S	30	1700	51000
17	320606	2020/3/12	3	北松屋チェーン	1005	間山	3003	北松屋狭山店	2	K9100000102	スタイリッシュマス:	M	30	1700	51000

出荷データ

図5-24　**マスクを含む「出荷データ」シート**

商品コードの検出をしているのが②です（13行目）。in演算子を使って、「出荷データ」シートから読み込んだ商品コードの上10桁がmask_tupleの中にないか調べます。in演算子はリスト内に同じ値の要素があれば、Trueを、なければFalseを返します。

これで出荷データから、返品対象のマスクを次の図のように「抽出済データ.xlsx」として抽出することができます。上10桁が共通なものを検出するのでいいのであれば、mask_tupleの値を適宜書き換えることで、どんな商品コードでも、どれだけ種類があってもdata_extract.pyで抽出することができます。実際に実行してみた結果、マスクを抽出した一覧データを瞬時に作ることができました。

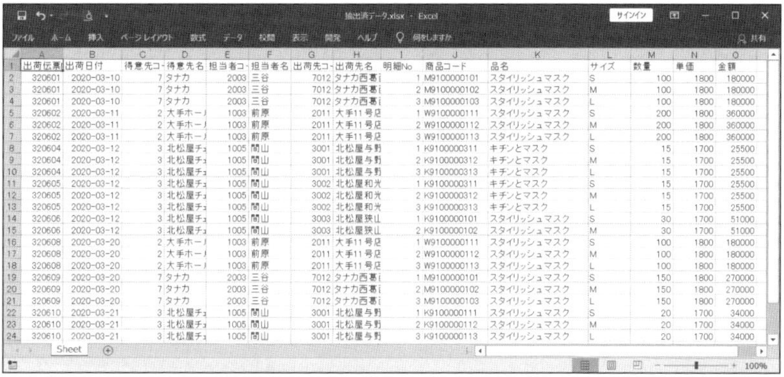

	A	B	C	D	E	F	G	H	I	J	K	L	M	N	O
1	出荷伝票	出荷日付	得意先コ	得意先名	担当者コ	担当者名	出荷先コ	出荷先名	明細No	商品コード	品名	サイズ	数量	単価	金額
2	320601	2020-03-10	7	タナカ	2003	三谷	7012	タナカ西葛	1	M9100000101	スタイリッシュマスク	S	100	1800	180000
3	320601	2020-03-10	7	タナカ	2003	三谷	7012	タナカ西葛	2	M9100000102	スタイリッシュマスク	M	100	1800	180000
4	320601	2020-03-10	7	タナカ	2003	三谷	7012	タナカ西葛	3	M9100000103	スタイリッシュマスク	L	100	1800	180000
5	320602	2020-03-11	2	大手ホー	1003	前原	2011	大手11号店	1	W9100000111	スタイリッシュマスク	S	200	1800	360000
6	320602	2020-03-11	2	大手ホー	1003	前原	2011	大手11号店	2	W9100000112	スタイリッシュマスク	M	200	1800	360000
7	320602	2020-03-11	2	大手ホー	1003	前原	2011	大手11号店	3	W9100000113	スタイリッシュマスク	L	200	1800	360000
8	320604	2020-03-12	3	北松屋チ	1005	間山	3001	北松屋与野	1	K9100000311	キチンとマスク	S	15	1700	25500
9	320604	2020-03-12	3	北松屋チ	1005	間山	3001	北松屋与野	2	K9100000312	キチンとマスク	M	15	1700	25500
10	320604	2020-03-12	3	北松屋チ	1005	間山	3001	北松屋与野	3	K9100000313	キチンとマスク	L	15	1700	25500
11	320605	2020-03-12	3	北松屋チ	1005	間山	3002	北松屋和光	1	K9100000311	キチンとマスク	S	15	1700	25500
12	320605	2020-03-12	3	北松屋チ	1005	間山	3002	北松屋和光	2	K9100000312	キチンとマスク	M	15	1700	25500
13	320605	2020-03-12	3	北松屋チ	1005	間山	3002	北松屋和光	3	K9100000313	キチンとマスク	L	15	1700	25500
14	320606	2020-03-12	3	北松屋チ	1005	間山	3003	北松屋狭山	1	K9100000101	スタイリッシュマスク	S	30	1700	51000
15	320606	2020-03-12	3	北松屋チ	1005	間山	3003	北松屋狭山	2	K9100000102	スタイリッシュマスク	M	30	1700	51000
16	320608	2020-03-20	2	大手ホー	1003	前原	2011	大手11号店	1	W9100000111	スタイリッシュマスク	S	100	1800	180000
17	320608	2020-03-20	2	大手ホー	1003	前原	2011	大手11号店	2	W9100000112	スタイリッシュマスク	M	100	1800	180000
18	320608	2020-03-20	2	大手ホー	1003	前原	2011	大手11号店	3	W9100000113	スタイリッシュマスク	L	100	1800	180000
19	320609	2020-03-20	7	タナカ	2003	三谷	7012	タナカ西葛	1	M9100000101	スタイリッシュマスク	S	150	1800	270000
20	320609	2020-03-20	7	タナカ	2003	三谷	7012	タナカ西葛	2	M9100000102	スタイリッシュマスク	M	150	1800	270000
21	320609	2020-03-20	7	タナカ	2003	三谷	7012	タナカ西葛	3	M9100000103	スタイリッシュマスク	L	150	1800	270000
22	320610	2020-03-21	3	北松屋チ	1005	間山	3001	北松屋与野	1	K9100000111	スタイリッシュマスク	S	20	1700	34000
23	320610	2020-03-21	3	北松屋チ	1005	間山	3001	北松屋与野	2	K9100000112	スタイリッシュマスク	M	20	1700	34000
24	320610	2020-03-21	3	北松屋チ	1005	間山	3001	北松屋与野	3	K9100000113	スタイリッシュマスク	L	20	1700	34000

図5-25　**複数の商品コードに対応したdata_extract.pyで作成した、抽出済データ.xlsx**

この抽出済データをsum_quantity.pyで処理すれば、出荷先別に商品コードごとの出荷数量を集計することができます。

抽出→並べ替え→集計を1本のプログラムに

でも、これで完成とするのはまだ早い。ここで第3章からここまでのまとめをしたいと思います。

第3章で抽出処理、第4章で並べ替え、第5章で集計処理と、それぞれでプログラムを作成したわけですが、抽出処理のdata_extract.pyと、並べ替えと集計のsum_quantity.pyを順々にそれぞれ実行する必要があります。せっかくPythonを使って自動化プログラムを作ったのですから、この二つのプログラムをつなげれば、出荷データ.xlsxから一気に出荷数量集計.xlsxが作成できるはずです。

そこで、3、4、5章の処理をつないで1本のプログラムにしたのが、sum_mask.pyです。

```
1   import openpyxl
2   from operator import itemgetter
3
4   mask_tuple = ("W910000010","W910000011","W910000031
                            ","M910000010",
5   ├── "M910000011","M910000031","K910000010","K910000
                            011","K910000031")
6
7   wb = openpyxl.load_workbook(r"..\data\出荷デー
                            タ.xlsx") #入力ファイル
8   sh = wb["出荷データ"]
9
10  owb = openpyxl.Workbook() #出力ファイル 抽出済データ.xlsx
11  osh = owb.active
12  list_row = 1
13  for row in sh.iter_rows():
14  ├── if (row[9].value[:10] in mask_tuple)  or list_
                            row == 1:
15  ├──├── for cell in row:
16  ├──├──├── if cell.col_idx == 2 and list_row != 1:
17  ├──├──├──├── osh.cell(list_row,cell.col_idx).
                            value = cell.value.date()
18  ├──├──├── else:
19  ├──├──├──├── osh.cell(list_row,cell.col_idx).
                            value = cell.value
20
21  ├──├── list_row += 1
```

```
22
23   owb.save(r"..\data\抽出済データ.xlsx")          ……①
24
25   wb = openpyxl.load_workbook(r"..\data\抽出済デー
                                          タ.xlsx")
26   sh = wb.active
27
28   #辞書のリストを作る
29   shipment_list = []
30   for row in sh.iter_rows():
31   ├──→ if row[0].row == 1:
32   ├──→├──→ header_cells = row
33   ├──→ else:
34   ├──→├──→ row_dic = {}
35   ├──→├──→ # zip 複数のリストの要素を取得する
36   ├──→├──→ for k, v in zip(header_cells, row):
37   ├──→├──→├──→ row_dic[k.value] = v.value
38   ├──→├──→ shipment_list.append(row_dic)
39
40   #まず、商品コード別のシートを作る
41   sorted_list_a = sorted(shipment_list,
             key=itemgetter("商品コード", "出荷日付"))
42
43   owb = openpyxl.Workbook() #出力ファイル 出荷数量集計.xlsx
44   osh = owb.active
45   osh.title = "商品コード別数量"
46   list_row = 1
47
48   osh.cell(list_row,1).value = "商品コード"
```

```
49   osh.cell(list_row,2).value = "日付"
50   osh.cell(list_row,3).value = "品名"
51   osh.cell(list_row,4).value = "サイズ"
52   osh.cell(list_row,5).value = "数量"
53   osh.cell(list_row,6).value = "合計"
54
55   for dic in sorted_list_a:
56   ├──→ list_row += 1
57   ├──→ osh.cell(list_row,1).value = dic["商品コード"]
58   ├──→ osh.cell(list_row,2).value = dic["出荷日付"
                                            ].date()
59   ├──→ osh.cell(list_row,3).value = dic["品名"]
60   ├──→ osh.cell(list_row,4).value = dic["サイズ"]
61   ├──→ osh.cell(list_row,5).value = dic["数量"]
62
63   #出荷先別の集計表
64   sorted_list_b = sorted(shipment_list,
     key=itemgetter("出荷先コード", "商品コード", "出荷日付
                                            "))
65
66   #出荷先別にシートに転記する
67   old_key = ""
68   for dic in sorted_list_b:
69   ├──→ if old_key != dic["出荷先コード"]:
70   ├──→├──→ old_key = dic["出荷先コード"]
71   ├──→├──→ osh_n = owb.create_sheet(title=dic["出荷先
                                            名"])
72   ├──→├──→ list_row = 1
73   ├──→├──→ for i in range(1,7):
```

```
74 ├──→├──→├──→ osh_n.cell(list_row,i).value = osh.
                              cell(list_row,i).value
75
76 ├──→ list_row += 1
77 ├──→ osh_n.cell(list_row,1).value = dic["商品コード"]
78 ├──→ osh_n.cell(list_row,2).value = dic["出荷日付
                                    "].date()
79 ├──→ osh_n.cell(list_row,3).value = dic["品名"]
80 ├──→ osh_n.cell(list_row,4).value = dic["サイズ"]
81 ├──→ osh_n.cell(list_row,5).value = dic["数量"]
82
83 #全シートをループする
84 #商品コードで集計する
85 for osh in owb:
86 ├──→ sum_q = 0
87 ├──→ old_key = ""
88 ├──→ for i in range(2, osh.max_row + 1):
89 ├──→├──→ if old_key == "":
90 ├──→├──→├──→ old_key = osh.cell(i,1).value
91 ├──→├──→ if old_key == osh.cell(i,1).value:
92 ├──→├──→├──→ sum_q += osh.cell(i,5).value
93 ├──→├──→ else:
94 ├──→├──→├──→ osh.cell(i-1,6).value = sum_q
95 ├──→├──→├──→ sum_q = osh.cell(i,5).value
96 ├──→├──→├──→ old_key = osh.cell(i,1).value
97
98 ├──→ osh.cell(i,6).value = sum_q
99
100 owb.save(r"..\data\出荷数量集計.xlsx")
```

これを実行してみると、以下のように集計されました。

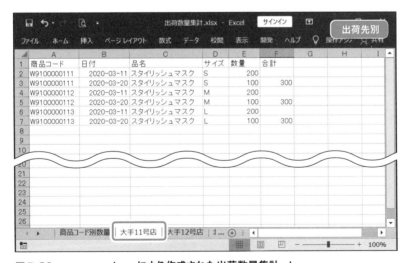

図5-26　sum_mask.pyにより作成された出荷数量集計.xlsx

　一つのプログラムで抽出処理、並べ替え処理、集計処理を一気にやっているわけです。ところが、つないだプログラムを眺めてみると、①で「抽出済みデータ.xlsx」を保存して以降、何度か同じファイルを保存して、開き直す処理が繰り返されています。これがいかにも無駄に思えますね。そう考えると、owbワークブックのoshワークシートから、そのまま辞書のリストに読み込むことができそうです。実用的なプログラミングを考えると、プログラムを作る過程ではあとで検証するために意図的に中間結果*4を残す場合もあります。一方で、必要のないファイルは極力作らないという考え方にも意味があります。本書ではあえてこの段階でプログラムの作成を止めておきますが、ぜひ、読者のみなさんで改良案を考えてみてください。

QRコードを作る
プログラム

麻美、初めての
プログラミングに挑む

不良品対応のプログラムを作り終えて、ひと安心の合理化推進室。そこに
また新しい依頼が来たようです。

センガク おや、営業一課の松川さんからメールだ。めずらしいな。なになに、「当
社コンサルタントの中川女史からのアドバイスで、婦人服の着こなしサイ
トを作ることになった」ですか。ふーん、コンサルの中川女史って、麻美
ちゃん知ってる?

麻美 ええ、知ってるわ。営業アシスタントのころ、研修受けたことがあった
わ。かっこいいのよ。いっつも目が覚めるような青空みたいな服を着て
いてね。いかにもできる女性って感じ。なになに、それでメールになんて
書いてあるの?

From: 営業一課 松川
To: 合理化推進室 千田

合理化推進室　千田学室長へ

　このたび、営業一課では、当社コンサルタントの中川女史からの
アドバイスで、婦人服の着こなしサイトを作ることになった。スマホ
ファーストのページにするので商品ごとにQRコードを作って、スマ
ホでこのコードを読み取れば、サクッと該当商品のページにアクセス
できるようにしたい。
　ついては、Excelのシートに商品ごとのURLを貼り付けたものを
添付したので、全ての商品についてQRコードを作ってもらいたい。
　なお、作ってもらったQRコードは商品タグにも印刷する予定であ
る。

営業一課　課長　松川

| センガク | これ、手頃だな。麻美ちゃんの勉強用にちょうど良いと思う

　センガクは一応、室長として麻美ちゃんをプログラマとして育てることも考えているようです。

| センガク | 麻美ちゃん、このQRコードを作るプログラムを作ってみないか

　麻美さんはセンガクに助けられながら、Excelのシートに貼り付けられた商品ごとのURLをQRコード化するプログラムに挑みます。みなさんも麻美さんと一緒にプログラムをどう作るか、考えてください。

| 麻美 | センガク室長、何をすれば良いのか全然わかんない
| センガク | 麻美ちゃん、QRコードは知ってるよね？
| 麻美 | ええ　、あの小さい迷路のできそこないみたいなやつでしょ
| センガク | ちっちゃいなあ、ノミの迷路か。URLも問題ないよね
| 麻美 | URLとは、Universal Resource Locatorの略であり、インターネット上に存在するデータやサービスなどの情報資源の位置を記述する方法のひとつである
| センガク | 麻美ちゃん、ネットの解説をそのまま読んでるだろ
| 麻美 | エヘヘ
| センガク | ウチの会社のWebサイトだと、商品コードごとにページが作成されているから、https://wwwで始まり、最後は商品コード上10桁と/で終わるurlをQRコードにすれば良いんだよ。で、その服を買ったお客さんが商品タグのQRコードをスマホのアプリで読み込んで、それぞれの商品ページにアクセスするわけだ。そうすると、着こなしの画像や動画が見られるんだよ
| 麻美 | でも、QRコードなんてどうやったら作れるのか、さっぱりわからない
| センガク | そこは自分で作ろうと思ったらダメだよ。ライブラリってあったでしょ？それを利用するのさ
| 麻美 | あっ、そうか！この小さい迷路をどうやって作るのか考えちゃった

そう。QRコードと聞いた瞬間、ライブラリを探そうと思った人は、かなり
Pythonプログラミングに慣れてきたといっていいでしょう。QRコードの作
成にはqrcodeライブラリを使います。
　qrcodeライブラリはQRコードの画像ファイルを生成します。作成できる
画像ファイルの種類はPNG形式とSVG形式です。

PNG形式とSVG形式

　PNG形式はビットマップ画像（ラスター形式）です。つまり点の集合
で画像を表現します。それに対し、SVG形式はベクター画像（Vector
graphics）です。ベクターはベクトルのことなので、数値や式で画像を
表現します。XML形式で記述されています。

---

　qrcodeライブラリは、外部ライブラリなので、まず最初にpipコマンドで
インストールする必要があります。

図6-1　**ターミナルからpipコマンドでインストール**

プログラムでは、最初に

```
import qrcode
```

のようにインポートして使います。

　qrcodeライブラリは画像処理ライブラリPillowを使うので、これも同時にインストールしておきます。

図6-2　qrcodeの動作に必要なライブラリPillowもインストール

センガク　松川さんのメールに添付されていたurls.xlsを見てみようか。Excelの
シートにこんな風に商品コードのURLが並んでいるから、まず、これが
最終的にどんなデータになれば良いかをイメージしてみようよ

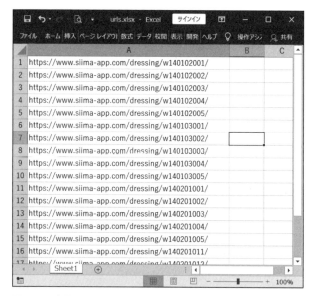

図6-3　商品コード別のURLが並んでいるExcelシート

　Excelファイルを開いてみると、URLはhttps://www.siima-app.com/dressing/に商品コード上10桁が続き、最後に「/」が付くという構成で、ワークシートのA列に入力されています。

麻美　たとえばB列に、その行の商品用のQRコードをそれぞれ入れて、上下で重ならないように行の高さを調節するとか?

センガク　そうそう。いいね、麻美ちゃんよくわかっているじゃん

麻美　でも、そのために何をどうすればいいのかぜんぜんわからないの

センガク　麻美ちゃん、まずはどんな機能が必要か箇条書きにするといいよ。次に、その機能を処理していく順に並び替えるという順番で進めるんだ

このスペースを使って、みなさんも自分で考えてみた QR コードを作るプログラムの手順を箇条書きにしてみてください。処理の順序を図解するのも良いですね。

麻美さんが箇条書きを作り終えたみたいです。見せてもらいましょう。

1. urls.xlsxの各行を順に読み込み、A列のURLからQRコードを作る
2. QRコードの画像ファイルの形式はpngにする
3. 画像のファイル名は商品コードにする
4. 作ったQRコードの画像は商品コードの右隣のB列に貼り付ける
5. QRコードの画像の大きさに合わせて、行の高さを調整する
6. 最後に、QRコードを貼り付けたurls.xlsxを保存する

　これがこのプログラムの仕様です。そうすると、最終的にできあがるファイルは以下のようになるでしょう。

図6-4　ExcelのシートにQRコードを貼り付けたところ

　これまで勉強した知識で実現できそうなのは、1.のA列のurl文字列を読み込むところと、3.でファイル名に使う文字列をURLからスライスで取り出すところ、そして6.のurls.xlsxを保存するところです。

　2.のQRコードの画像をpngファイルとして作成するところ、それから4.のQRコードの画像をB列に貼り付けるところは、qrcodeライブラリの使い方やopenpyxlで画像を扱う方法について知らないと手の付けようがないですね。そこでまず、qrcodeライブラリから解説しましょう。

qrcodeライブラリの使い方

　qrcodeライブラリを使ったQRコード作成の流れとしては、次のような順になります。ここでは、各手順で主として使うメソッドと一緒に考えてみました。

1. qr = qrcode.QRCode()でオブジェクトを作成
2. qr.add_data("データ")でQRコードにするデータをオブジェクトに追加
3. qr.make()でQRコードをプログラム上で作成
4. img = qr.make_image()で作成したコードから画像データを生成
5. img.save("ファイル名")で画像データをファイルに保存

　順に説明していきましょう。まず1.でQRCodeクラスのオブジェクトを生成し、変数に代入します。ここでは変数名をqrとしています。2.のadd_dataメソッドでQRコード化するデータを与えます。3. のmakeメソッドがデータをQRコードの配列にします。4. のmake_imageメソッドがイメージを生成します。5.のsaveメソッドで4.で生成したイメージをファイルに保存します。

では、1.のQRCodeクラスのオブジェクトを作るところから見ていきましょう。

「クラス」とは、オブジェクト指向プログラミングにおいて、オブジェクトの仕様を決めたもので、言ってみればオブジェクトの設計図に当たります。プロパティ（属性）とメソッド（手続き）で構成されます。

QRCodeクラスのオブジェクトを生成するコードでは、次のように引数を指定することができます。

```
qr = qrcode.QRCode(
├──→ version=10,      ……①
├──→ error_correction=qrcode.constants.ERROR_CORRECT_
     H,      ……②
├──→ box_size=2,      ……③
├──→ border=8      ……④
)
```

①のversionは、生成するQRコードのバージョンを設定します。バージョンは最小値が1で、最大値が40です。バージョンごとにセル構成が決まっています。セルとは、QRコードを構成している四角い黒白の点のことで、セル構成はコード中のセルの数です。バージョン1では21セル×21セルで、バージョン40では177セル×177セルになります。バージョンの値が大きくなると、画像サイズと情報量が増えます。

②のerror_correctionは誤り訂正レベルの指定です。誤り訂正とは、QRコードを読み取る際に多少情報を読み取れない部分があったとしても、誤り訂正により正しい情報を伝えられるようにする仕組みです。

以下の4つの定数のうちいずれかを指定することができます。それぞれに訂正率が決まっており、L→M→Q→Hの順で訂正率は高くなります。

```
qrcode.constants.ERROR_CORRECT_L
qrcode.constants.ERROR_CORRECT_M  ……デフォルト
qrcode.constants.ERROR_CORRECT_Q
qrcode.constants.ERROR_CORRECT_H
```

　③のbox_sizeは、セル（四角い黒白の点）のサイズ（ピクセル数）を設定します。同じバージョンでも、box_sizeを変更することで生成される画像のサイズを変更することができます。デフォルトは10です。

　④のborderは外側の余白の幅を設定します。デフォルトは4で、これが設定可能な最小値です。

　この設定例ではQRコードのバージョンを10とし、box_sizeをデフォルトの10から2に変更し、borderをデフォルトの4から8に変更したわけですが、バージョンは大きくするとQRコードを構成するセルが増えて画像サイズが大きくなります。バージョンを厳密に決めるにはデータの桁数と誤り訂正レベルから求めることになります。box_sizeを小さくすることで、ひとつひとつのセルのサイズを小さくすることができます。borderをデフォルトより大きくすることで、余白に余裕を持たせているのですが、実際には、Excelシートに配置したときに、たとえばA4サイズ1ページでいくつぐらい並ぶかとか、スマホのカメラで認識するときの操作のしやすさなどを考慮して作成します。試行錯誤しながらちょうどいい設定を探すことが必要になるでしょう。

新しいライブラリを見つける、調べる

　Pythonで色々な目的のプログラムが作成できる理由は、たくさんの外部ライブラリ（サードパーティ製）が提供されているところにあります。とはいえ、その中からどんなライブラリがあるのか、信頼できるものはどれかは、どうやって調べたらいいのでしょうか。

　そんなときに役立つのが、Python Package Index (PyPI)と呼ばれる外部ライブラリのレポジトリです (https://pypi.org/)。ここにたくさんのライブラリが保存されています。ここで、求めている機能を持つライブラリはないか、検索してみるといいでしょう。

図6-5　**PyPI上のライブラリをqrcodeで検索したところ**

　たとえばqrcodeで検索してみると、「158 projects for "qrcode"」とあるようにqrコード一つとってもたくさんのライブラリが保存されています。ちなみに「qr code」と2語で検索してみると、関連するライブラリが1万以上あることがわかります。

　検索結果からqrcode（この時点では6.1）をクリックしてみましょう。

図6-6　qrcode 6.1を選んで詳細ページを開いた

　すると詳細情報のページが開きます。ライブラリの概要は「Project description」を読むことで理解できると思います。でも、本当に目的に一致しているかは使ってみて判断することになるでしょう。

　信頼性は「Release history」を見て、新しいものか、アップデートはされているかなどを参考にすることができます。また、ライブラリによってはStars欄で、ほかのプログラマが「いいね！」と評価した件数を見ることもできます。

作成した画像をopenpyxlで読み込む

　ここまでのところ、qrcodeのsaveメソッドを使って、QRコードを画像ファイルとして保存するところまで設計しました。次に、このQRコードをExcelのワークシートに読み込む処理を考えてみましょう。それにはopenpyxl.drawing.imageモジュールのImageクラスを使います。

　具体的には、まずImageオブジェクトの生成時に、画像ファイルを引数に指定して読み込みます。読み込んだ画像をワークシートのadd_imageメソッドで、上端、左端をアンカーとするセルを指定して貼り付けることができ

ます。「アンカー」とは錨（いかり）のことで、画像の左上を錨に見立てて、どのセルに錨を降ろすかを指定すると考えてください。

　Imageクラスやadd_imageメソッドについては本書では触れません。まずはどのように使えばいいのか、自分で調べてみてください。そのうえで実際にコーディングしてみましょう。その際、サンプルファイルでは06フォルダ内のdataフォルダにurls.xlsxを提供しています。このファイルからQRコードを生成してみましょう。思った通りに動けば、それで"正解"です。自分で自分の業務を自動化するプログラムを作るための練習として、ぜひチャレンジしてみてください。

サンプルプログラムで答え合わせ

　プログラムは作ってみたがうまく動かないという場合、エラーメッセージが出て止まってしまうようなときは、ターミナルに表示されたエラーメッセージをそのままコピーしてWeb検索してみましょう。エラーメッセージにはどの行でエラーになったかが記述されているので、どういうエラーがどこで出ているかがわかれば、どのように修正すればいいかが見えてくるはずです。

　それでもどこがエラーの原因かわからない場合や、プログラムを作る途中でどうすればいいかわからなくなってしまった場合のために、サンプルプログラムとしてQRコードを作成するmake_qrcode.pyを紹介します。これまで同様、urls.xlsxはdataフォルダにあり、プログラムはdataフォルダと同じ階層にあるprgフォルダにあるという前提です。なお、ここではQRコードの設定（QRCodeクラスのオブジェクトの作成）は、p.272で解説した例よりもシンプルにしています。

プログラム6-1　QRコードを作成するプログラムの例 (make_qrcode.py)

```
1    import qrcode
2    import openpyxl
3    from openpyxl.drawing.image import Image
4
5    wb = openpyxl.load_workbook(r"..\data\urls.xlsx")
6    sh = wb.active
7    for row in range(1, sh.max_row + 1):
8        qr = qrcode.QRCode(
9            box_size=2
10       )
11       qr.add_data(sh["A" + str(row)].value)
12       qr.make()
13       img = qr.make_image()
14       file_name = r"..\data\{}.png".format(sh["A"
                                + str(row)].value[35:45])
15       img.save(file_name)
16       img_b = Image(file_name)
17       sh.add_image(img_b,"B"+str(row))
18       sh.row_dimensions[row].height = img_b.height
                                          * 0.8
19
20       wb.save(r"..\data\urls.xlsx")
```

　最初から順に見ていきましょう。まず、本章でインストールしたqrcodeラ
イブラリをインポートします（1行目）。続けて、openpyxlをインポートした
あと、openpyxlのImageクラスを簡単に使えるようにするために、3行目で

```
from openpyxl.drawing.image import Image
```

として、openpyxl.drawing.imageモジュールから別途、Imageクラスのみ
をインポートします。

　これまでの復習を兼ねて、以降の行も解説していきましょう。

　5行目のload_workbookメソッドでdataディレクトリにあるurls.xlsx
を読み込んだら、wb.activeでワークシートを選択します（6行目）。ワーク
シート名を指定せずに済むのは、urls.xlsxには1枚しかワークシートがない
ためです。このファイルを開けば、自動的にそのワークシートがアクティブな
るからですね。

　7行目のfor inとrange関数の組み合わせで、ワークシート上で値が入力
されているすべての行を操作します。range関数の引数に

```
1, sh.max_row + 1
```

と指定することで、1行目から最後の行までを対象としています。これを

```
1, sh.max_row
```

と書いてしまうと、最後の行は処理されないのでしたね。

　繰り返し処理の中では、8行目でまず変数qrにQRCodeクラスのオブジェ
クトを生成します。このときに引数box_sizeに2を指定して、QRコードを
小さくしていますが、これは何度かプログラムを実行しながら調整した結果、
ベストと判断した値です。

　実際にプログラムを作る過程では、このように引数の値を少しずつ変えな
がら、望ましい設定値を見つける作業が必要になります。

　8行目で生成したQRコードのオブジェクトに対して、11行目の

```
qr.add_data(sh["A" + str(row)].value)
```

により、該当する行のA列に入力されているurlを、QRコード化するデータ
として渡します。このオブジェクトに対して、qr.make()を実行します（12行
目）。これによりオブジェクトに渡したデータ（ここではURL）をQRコード
の配列にします。続く13行目で、qr.make_image()でQRコードの配列をイ
メージ（画像データ）として変数imgに生成します。もしかすると14行目の

```
file_name = r"..\data\{}.png".format(sh["A" +
                                  str(row)].value[35:45])
```

という記述は難しく感じるかもしれません。これは、QRコードのイメージを
画像ファイルとして保存する際のファイル名を生成するコードです。ファイル
名は変数file_nameに格納します。このとき、

```
r"..\data\{}.png"
```

という記述で、保存先のフォルダを相対パスで、ファイル名にはいったん置換
フィールド{ }を記述しておき、拡張子をpngとして保存するようにしておき
ます。

　ファイル名に当たる文字列は、formatメソッドを使ってワークシート上の
URLから10桁の商品コードを取り出して入力しています。14行目のコード
の.format以降についてはurls.xlsxの1行目を例に、具体的な処理を細か
く見ていきましょう。

　まず、URL文字列の先頭を0番目の文字として数えていくと、商品コード
を表す最初の文字であるwが35文字目。商品コードが終わったあとの/が
45文字目です。ここで第3章で出てきたスライスを使います。45文字目の
手前までスライスすることで、商品コード10桁を取り出せるので、これがファ
イル名に使えます。

file_nameに相対パス＋ファイル名＋拡張子の文字列が代入できたら、それを引数にしてsaveメソッドで画像ファイルとしてイメージを保存します（15行目）。

　こうすることで、dataディレクトリにpngファイルができていきます。

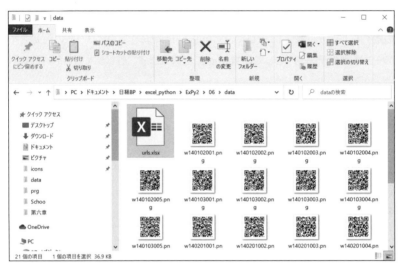

図6-7　dataディレクトリにpngファイルができていく

保存した画像をワークシートに挿入する

　pngファイルを保存できたら、それをワークシート上に読み込む処理に移りましょう。この処理が、16〜18行目です。

　まず16行目では、openpyxl.drawing.imageモジュールのImageクラスのオブジェクトを生成するときに、保存したpngファイルを引数に指定することでオブジェクト変数img_bに読み込みます。

　次に、ワークシートオブジェクトのadd_imageメソッドに対して、読み込むオブジェクトとしてimg_bを、読み込む位置としてB列と行番号を"B1"のような引数で渡します（17行目）。これで、ワークシート上にimg_bの画像

を貼り付けます。

次に貼り付けた画像が全部表示されるよう、行の高さを調整します。18行目で、ワークシートオブジェクトの

```
row_dimensions[row].height
```

は直前の処理で画像を貼り付けた行（変数rowで示される）の高さプロパティを示します。そこでこれを左辺にして、

```
img_b.height * 0.8
```

を代入しています。img_b.heightで画像の高さを取得できるのですが、画像の高さと行の高さは単位が異なりますので、適当な係数（0.8）を掛けています。この係数も、何度か値を変えながら実行し、試行錯誤で見つけた値です。

最後に、saveメソッドでwbオブジェクトをExcelファイルとして保存します（20行目）。rを付けることで以降の文字列をraw文字列化できるので、エスケープシーケンスを無視できます。これはもう覚えましたよね？

....

麻美さんもセンガクにアドバイスをもらいながら、QRコードの生成プログラムを完成できたようです。

センガク 麻美ちゃん、できたじゃない！ がんばったね

麻美 センガク室長に一つひとつ教えてもらったからできたけど、自分一人じゃとても無理よ。自信なんか持てないわ

センガク 合理化推進室の室長を任命されたときに、僕にできるでしょうか?とグズってたら、椎間社長に言われたんだ。「やるしかないところに追い込まれたら、人間できるもんだよ」って

麻美 昭和の映画みたいなセリフね。でも、私もやるしかないか

センガク そうだね（がんばれ、麻美！）

INDEX 索引

INDEX

著者プロフィル

金宏 和實 <small>かねひろ かずみ</small>

1961年生、富山県高岡市出身で在住。関西学院大学卒。第1種情報処理技術者。株式会社イーザー代表取締役副社長。
アプリケーション開発とライター活動をしている。プログラミングを始めて36年経った現在は、プログラミングの楽しさを伝えることをテーマとしている。NPO法人NATで小中学生を相手にロボット・プログラミングを教えたりもしている。
平成30年、31年前期富山大学芸術文化学部非常勤講師（プログラミング・リテラシー）。
主な著書は『Excel×Python最速仕事術』、『はじめるPython! ゼロからのゲームプログラミング』、『エクセルだけで手軽に楽しむプログラミング超入門』（いずれも日経BP）、『作ればわかる! Androidプログラミング Kotlin対応』、『作ればわかる! Androidプログラミング』（初版〜第四版）、『ベテランが丁寧に教えてくれるデータベースの知識と実務』（いずれも翔泳社）など。

ブログは http://kanehiro.exe.jp/
Twitter は @kanehiro
Facebook は KanehiroKazumi

　さて、読者のみなさんがこの著者プロフィルを読んでくれるのはどのタイミングでしょうか。わたしは、ちょっと本を読んだところで「どんな人が書いているのだろうか」と、すぐに著者プロフィルを読むことが多いです。
　「もっと若い人が書いているのだと思ったら、結構、年配の人だ」と思われたのではないでしょうか。還暦を迎える数カ月前にこの原稿を書いています。
　古くからのプログラマにはどこか懐かしく、新しい人には新鮮に映る内容になったのではないかと自負しています。ちょっと読んだところでこのプロフィルを読んでくださった方は、どうぞ、残りのページも最後までご覧になってください。

● 本書についての最新情報、訂正、重要なお知らせについては、下記Webページを開き、書名もしくはISBNで検索してください。

https://project.nikkeibp.co.jp/bnt/

Excel×Python
データ処理自由自在

2020年 11月24日　第1版第1刷発行

著　者　　金宏 和實
発行者　　村上 広樹
編　集　　仙石 誠
発　行　　日経BP
発　売　　日経BPマーケティング
　　　　　〒105-8308 東京都港区虎ノ門4-3-12

装　丁　　小口 翔平＋阿部 早紀子（tobufune）
デザイン　LaNTA
印刷・製本　図書印刷